做一个会朗读的语文教师

张海燕 著

ZUO YIGE HUI LANGDU DE
YUWEN JIAOSHI

语文出版社

·北京·

图书在版编目（ＣＩＰ）数据

做一个会朗读的语文教师 / 张海燕著. -- 北京 ：
语文出版社，2016.1（2023.2重印）
ISBN 978-7-5187-0172-8

Ⅰ．①做… Ⅱ．①张… Ⅲ．①语文课－朗读－中小学
－教学参考资料 Ⅳ．①G634.303

中国版本图书馆CIP数据核字(2015)第160439号

责任编辑	郑伟钟　时玲玲	
装帧设计	梁　明	
出　　版	语文出版社	
地　　址	北京市东城区朝阳门内南小街51号　　100010	
电子信箱	ywcbsywp@163.com	
排　　版	北京杰瑞腾达科技发展有限公司	
印刷装订	保定市正大印刷有限公司	
发　　行	语文出版社　新华书店经销	
规　　格	787mm×1092mm	
开　　本	1／16	
印　　张	13.5	
字　　数	187千字	
版　　次	2016年1月第1版	
印　　次	2023年2月第4次印刷	
印　　数	7,001－12,000	
定　　价	40.00元	

📞 010-65253954(咨询) 010-65251033(购书) 010-65250075(印装质量)

序　言

姚喜双

　　每次去河北沧州为齐越先生扫墓，总会看到女教师张海燕的身影。她是万里教授（原中央人民广播电台播音员）在沧州带出来的"徒弟"，也是我在中国传媒大学教过的学生。她的研究生毕业论文就是我亲自修改并指导答辩的，记得她当时的论文题目是《影响课堂教学效果的语言因素研究》。虽然她在中国传媒大学播音主持艺术学院毕业，但在地方师范院校工作多年，对师范生的口语指导和中学语文教学更为熟悉。现在她专为中学语文教师撰写了《做一个会朗读的语文教师》一书，实现了万里教授在沧州未了的夙愿，作为老师倍感欣慰！

　　诵读不仅是我国传统语文学习的一项基本方法，也是现代语文教学中不可或缺的一种方式。我国著名语文教育家张志公先生早在五十多年前就曾经说过："从前，走过私塾、蒙馆的附近，总会听到孩子们呜哩哇啦读书的声音。现在，那种声音不大听得见了。"张先生当年担忧的"重文轻语"现象，至今依然存在。在大力发展素质教育、不断推进语文教学改革的今天，各种教学方法不断涌现。如何发扬传统并在传统诵读教学中挖掘出新意？作者在本书中做了大量探索。翻看这本书稿，发现此书有以下几个特点：

　　一是将专业问题讲得浅显易懂、明白晓畅。对于朗读的技巧问题，无论是内部心理状态还是外部表达技巧，作者都做了深入浅出的分析。没有高深生僻的理论，避开晦涩的专业术语，即使是共鸣发声与吐字归音问题，也采用中学教师都能读得明白、看得进去的词句来表述，这对普及朗读知识将大有裨益。

二是书中所用的案例都来自中学语文教材。作者此前出版过一本《经典诗文台词朗诵技巧》，里面的引文多是一些"高、大、上"的经典篇目。但这本书中引用的段落和课文全部来自中学语文教材，而且兼顾了人教版、苏教版、鲁教版、北师大版和语文出版社版等各种版本，这会让中学老师们感到熟悉和亲切，而且对中学语文朗读教学有很现实的指导意义。

三是按照中学语文教学实践对大部分文体进行重新分类。专业朗读书籍一般分诗歌、散文、小说、童话等朗读文体，很少关注到中学里说明文、议论文等实用文体的朗读。而这本书不仅将教材中的文学类文体的朗读方法进行了细致、透彻的分析，还专门针对中学常见的议论文、说明文等文体的朗读方法进行了分析指导，这将有益于完善中学语文朗读教学的结构组成，对发展中学生的综合语言素质会有很大帮助。

四是对中学朗读教学方法进行了尝试性的探索。这本书所讲的朗读方法，不止于教会教师或学生"个人朗读"，而是站位于"提高语文课堂教学效果"的高度。书中专门有一章讲述了中学语文朗读的教学方法，用朗读来提高课文分析讲解的效率。例如讲授《看云识天气》这样一篇说明性文章，通过让学生进行"卷云、积云"等角色的朗读，来区分天空中不同云朵的特点，既让课堂变得生动有趣，也让学生牢牢掌握知识要点。还有，在讲授鲁迅先生的《中国人失掉自信力了吗》一文时，教师引导学生分组朗读，将文体稍加转换，就使其变成了一篇逻辑严密、义正词严的论辩词。既在对抗中增加了学生学习的兴趣，也教会学生推理与议论的方法，省略掉许多分析环节，节约了教学时间，是一举多得的高效教学方法。

书中还有许多朗读及朗读教学经验，都是张海燕老师指导学生在中学实习时总结获得的。一些有代表性的课文也比较具体地"提示"或"建议"了朗读的方式方法。中学生可以据此学会一些基本的朗读技巧，提高朗读的兴趣和水平，对加强中华经典诵读、弘扬民族传统文化将会有推动作用；中学教师可以借鉴其中的一些教学方法，并据此在教学中进行实验或探索，为中学语文教学课程改革与建设积累新的素材与经验。

目　录

第一章　朗读与中学语文教学

朗读，就是把无声的书面语言转换成有声语言的一种再创造活动，是我国几千年来传统语文学习中的一项基本方法，也是现代语文教学中不可或缺的一种方式。

第一节　朗读对语文教学的意义

朗读是将诉诸视觉形象的文字符号转化成朗朗、清晰而又充满感情的有声语言。高效的朗读教学对学生各方面的发展都起着重要作用。具体来说表现在以下几个方面：

一、规范语音、语调

朗读是训练并提高普通话水平的最基本的方式。通过课文朗读，学生不仅能快速掌握课文中的生字、生词，还能提高自己普通话语音系统中声母、韵母、声调的准确性，强化用气发声、共鸣控制、吐字归音等发声技能，进而准确把握字音字调的轻重格式，流畅地运用语流音变规律，使整体语音面貌得到改善。

二、积累语言

　　课文朗读的过程，也是广泛汲取语言精华的过程。中学语文教材选取了古今中外各类经典作品，那些准确的词语概念、精湛的句式结构、妥帖的修辞方法，都在悄悄地丰富着学生的语言宝库。朗读者通过朗读课文所储存的大量词汇，在口语表达和写作时会自然涌现。那种词不达意、半截"卡壳"的现象，就会大为减少。另外，通过朗读，学生可以深入体会和学习语言运用的方法。例如通过朗读记叙类课文，可以学习语言的具体、生动与形象；朗读说明类课文，可以学习语言的平实、准确与简明；朗读议论类课文，可以学习语言的严谨、有力与周密。最终学会运用语言准确地表情达意，抒发自己的内心情感。

三、培养语感

　　语文学习的本质是语言能力的培养，而语感是语言学习的关键。目前的语文教学比较重视词义的落实、语法的规范、逻辑的严密，等等，这固然有其科学性，但却忽略了人们在实际运用语言时，很少完全依据词句的理性含义或是语法规则，而大多依靠语感。朗读是听说双向进行的活动，借助于课文语言的听读训练，可以培养学生的直觉，它省略超越了中间的分析、推断与验证的具体环节，使人在看与听的瞬间顿悟语音、语调及语气所表示的含义，从而培养出一种带有浓重经验色彩的，比较直接迅速地感悟、领会语言文字的能力，并借此提高语文综合能力。

四、加深对课文的理解

　　朗读也是让学生理解课文的重要方式之一。对课文文句、情节、结构、情感的理解，都可以通过朗读来实现，特别是含义较深的语句、段落，可以让学生通过反复朗读充分体会和品味。目前的语文教学，过分

强调字、词、句、段、篇、语法、逻辑、文采、章法的分析，使课文变得支离破碎，使学生失去了直接、完整地感受课文的机会，所以大部分学生对一篇文章甚至是一段文字的整体理解能力较差，文言文学习更是如此。《朱作仁谈朗读》一文曾指出："讲解是死的，如同进行解剖；朗读是活的，如同给作品以生命；讲解只能使人知道，而朗读更能使人感受"。

五、培养艺术感觉

"语文教学一半是科学，一半是艺术。"（吕叔湘）语文教学也肩负着培养学生艺术感觉的任务。朗读不是一种简简单单的见字发声的过程，而是一种创造性的活动，是一种需要调动声音、情感和众多技巧的艺术性的创造活动。通过朗读，教师可以引导学生调动视觉、听觉、嗅觉、味觉等去直接体验、理解作品的内涵，用艺术的眼光和思维去"感觉"课文的内容和价值，提高审美情趣。例如，通过朗读课文《春》，教师引导学生好像"真的"看见了春天的花朵，闻到新翻的泥土的气息，听到鸟儿的鸣唱和牧童的短笛，触摸到春风的柔和，感受到春天的美好，从而调动起各种艺术想象力，培养丰富的艺术感觉。

六、拓展思维空间

语文学科的最终目的是培养学生的思维能力。朗读是一种综合运用眼、耳、口、脑的阅读方式，朗读者从准备朗读开始，直到最终完成，始终保持着积极的思维状态。朗读者在分析、感受课文的过程中，课文语脉的发展、层次的构成、文气的贯通，对朗读者的逻辑力、分析力、理解力、判断力等都是极好的锻炼。

七、增强听说能力

朗读不仅可以激发学生的学习兴趣，还可以培养学生认真倾听他人说话的习惯，达到集中注意力、提高听力的目的。

朗读训练是口语表达训练的有机组成部分，是说话训练的开始。同样的内容，由朗读技能高超的人讲述，会生动感人，妙趣横生；由未受过朗读训练的人去讲述，就会使听者感到枯燥乏味、索然无趣。说话人通过学习朗读技巧，可以借鉴朗读当中的情景再现、内在语、对象感等内部心理状态的调节方法，还可以运用重音、停连、节奏、语气和语调等声音表现技巧，大大提高有声语言的表现力。

八、提升综合素质

新课标提出语文教学要注重开发学生的创造潜能，促进学生的持续发展。中学生处于身体快速发育、心智逐渐成熟的阶段。在朗读过程中，作品中那些优美的情景描绘、鲜明的人物刻画、复杂的感情变换等，对朗读者各方面能力的培养与提高都会有所帮助：通过大声朗读，可以加强心肺功能，锻炼发声能力，放松大脑，愉悦身心；利用朗读方式，组织各种朗读竞赛、评比等活动，可以激发学生的上进心与好胜心；学生通过朗读间接表达自己的内心情感，得到老师与同学的肯定，会增强自我意识，增加自信心；朗读注重小组分工与集体配合，对学生团队意识的树立、集体合作能力的培养都有帮助；朗读讲究内心体验与创造性发挥，对学生的感情引发力、自我调节力以及压力释放能力的培养，都会起到积极的作用。

总之，语文朗读教学可以促进学生个人素质的全面发展，为学生以后的生活、升学、求职、就业打下坚实的基础，对学生长远发展有良好的影响。

第二节　中学语文朗读教学现状

朗读是传统语文教学法的精华，其中凝结了无数语文教育者的智慧，是全面实现教学目标的一个极其重要的手段。新一轮基础教育课程改革明确指出让学生"学习用普通话正确、流利、有感情地朗读课文"。然而，琅琅的读书声现在已经逐渐淡出了语文课堂，朗读教学现状更是令人担忧。我国著名语文教育家张志公先生早在五十多年前就曾经指出："从前，走过私塾、蒙馆的附近，总会听到孩子们呜哩哇啦读书的声音。现在，那种声音不大听得见了。"张先生当年的担忧，直至今日依然存在。其原因，有以下几点：

一、对朗读教学法存在"误解"

"大声地朗读"与"有感情地朗读课文"是我们最朴素的语文教学方法。而如今朗读并未发挥其应有的作用，甚至要逐渐退出语文教学的舞台。究其原因，最主要的就是施教者和被教育者对朗读教学法的认识出现错误和偏差。

1. 存在错误认识

在当今初中语文课文教学中，应试教育使得课堂上的读书声渐渐销声匿迹了。不少师生认为朗读不在考试的范围之内，存在"朗读可有可无"的错误思想，与其花费大量时间来进行朗读教学，不如把时间用在对文章结构的分析和对试题的解读上。朗读往往只是一种点缀，一种"附属品"，从来没有发挥它应有的价值。即使读了，也只是草草了事，不能有效地感知文本，不能"知之深而信之笃"，逐渐丧失了朗读的兴趣，甚至厌恶朗读。

2. 存有模糊概念

许多教师和学生把朗读和朗读教学混为一谈，不能正确区分。考试内容没有对"朗读"这一技能的考查，因此便认为朗读教学浪费时间。到了

初三阶段，教师和学生已经进入紧张的中考备战状态，朗读教学更是纸上谈兵。

其实，朗读不只是教学内容，还是一种教学方法。朗读教学有双重任务，朗读教学的内容既包括朗读能力的训练，又包括运用朗读手段进行阅读。在这两方面的内容中，"运用朗读手段进行阅读"又贯穿在整个语文教学过程中，是朗读能力训练的最终目的与长远目标，所以应区分两者的不同，纠正错误认知。

3. 存在认识偏差

一些语文教师认为在诗歌教学或散文教学中，可以采用朗读教学法，而在说明文或议论文等文体的教学中，由于课文内容的说明性与说理性，结构的逻辑性以及语言的平实性和思辨性，学生必须依靠老师的讲解才能理解，根本没有朗读的必要。因此说明文、议论文教学主要以教师的条分缕析为主，"冷冰冰的知性分析方法"成为教学上的唯一手段。

4. 对中学生心理把脉不准

初中生告别小学之后，自尊心与独立意识逐渐增强，认为咿咿呀呀的朗读非常"小儿科"，到高年级应该以理解课文的内涵为主，默读才显得更"高深"。因此，学生对于朗读课文的情绪不高。还有一些中学生由于自卑，担心读得不好会被同学、老师嘲笑，故意读得声音很低、感情平淡或者干脆不参与朗读。这时候教师往往认为学生不愿读就不再进行朗读教学，从而使学生"不再出声"，进而厌烦朗读与语文学习。

二、受教师范读水平的限制

朗读教学能否取得成效的关键在于教师朗读水平的高低。目前大部分中学教师没有进行过专业的教师口语或专门的朗读技能训练，一些朗读水平较高的教师也多是凭着自己的兴趣爱好业余学习朗读技能，多数语文教师认为自身朗读水平不高，不能给学生做出较好的朗读示范。其主要表现有以下几点：

1. 教师的普通话水平低

想要指导学生抑扬顿挫地朗读文章，教师自身朗读能力就必须强。可是，一些教师的普通话语音不标准，没有达到相应的级别，在声、韵、调上总有差错，就不能给学生起到好的示范作用。

2. 教师缺乏必要的朗读技巧

朗读不仅是初中语文课堂上的重要环节，同时也是教师的基本功之一。教师在给学生进行范读时，若将感情渗透在文章的字里行间，采用恰当的声音表达方式，可以引发学生的朗读欲望及学习热情。然而一些教师非但不重视朗读训练，自身的朗读水平也达不到标准，因此将"范读"变成了"泛泛而读"。

3. 用音频材料来代替教师示范

一些教师因为感觉自身朗读水平不够，或者懒于给学生亲自示范，经常在课堂上播放音频视频材料，以此代替自己的范读。比如讲授《纪念伏尔泰逝世一百周年的演讲》这篇课文，全文充满着澎湃的激情和思想光辉，是朗读教学中难得的训练材料。但在公开课上，教师却让学生面对着生硬、冰冷的音频设备，学生的感情只会游离于课文之外，很难参与进来。课文录音不一定就是规范的，如果教师不亲身示范朗读，只是从旁指点，缺乏现场感与交流感，学生就很难感受到课文强烈的鼓动性和感染力。

4. 对学生的朗读指导较少

在中学语文课堂上，学生用于朗读的时间较少，教师对学生的朗读指导也不多。学生反复朗读，但效果甚微，只是单纯地为了朗读而朗读。朗读之前老师既不布置任务，也不规定要求；即使规定了要求，在学生的朗读过程中，教师对学生的情感与技巧也缺乏指导；即使有朗读指导，也只是孤立地强调课文内容或声音技巧，朗读后也没有及时评价与反馈；即使是有些评价，也非常空泛，缺乏指向性。能够对学生的朗读作深入指导的占极少数。尤其是对于说明文和议论文，多数教师根本不组织朗读教学，这样只会与朗读教学目的渐行渐远。

三、缺乏有效的朗读教学方式

1.朗读单一化

一些教师为了节省时间，在课堂上采用默读、速读作为主要阅读方式。即使是朗读，也是采用全班学生齐读的方式。于是，课堂上呈现出一派死气沉沉的气象，学生昏昏欲睡，久而久之，学生的朗读能力越来越差。

2.朗读"贵族化"

在语文课堂上，经常会看到少数朗读"贵族"，他们是永远的朗读者，而且是班级里朗读水平最高的那几个人，而余下的大多数同学则成了课堂上的"旁观者"。语文版《语文》七年级上册教材中的小说《心声》就非常形象生动地描绘了这一现象，那个叫李京京的学生因为被语文老师认为"声音不太好听"，就失去了当众朗读课文的机会，无论他对这篇课文的理解有多么深刻。在课堂上朗读的主角，应该是全体学生，而不应只是少数的几个人。

3.朗读模式化

很多学生在课堂上朗读课文，存在着一种固定声腔，任何文章的朗读都是一种声调，让听者感受不到作者的态度与情感倾向。教师应该与课文展开倾情"对话"，对其进行"入乎其内"的体验，体悟其内在情感节奏的起伏，同时架起学生与课文进行情感交流的桥梁，唤起学生强烈的体验欲望，让学生的心灵与课文撞击，真正读出心得体会，读出自己不同的感受，使僵死的文字符号转换成富有活力的有声语言。

四、朗读时间安排有限

中学一节课的时间大约是45~50分钟，在语文教学中，诗歌教学大都安排1课时，篇幅较长的课文一般会安排2~3课时，也有的会压缩到1课时。如果在语文课上进行朗读，就要考虑时间安排。采用较快语速朗读200字的课

文大约需要50秒；用中等语速，稍加停顿，朗读200字大约需1分11秒；而有感情地朗读200字的文章则需要1.5分钟以上的时间。很明显，篇幅较长的课文若采用朗读教学法，时间会不够用。因此"时间充足就安排一下，时间紧了则干脆免掉"的现象在语文教学中就十分普遍。一部分教师因为教学进度和教学计划而全面取消朗读。一些教师在写板书的时候，让学生用几分钟时间粗略一读，接着便是紧张地分析课文的结构、段落大意及中心思想，使得朗读教学缺乏艺术性，学生并未在朗读中感受到课文的美感，渐渐失去了对课文甚至是对语文的学习热情。

第三节　朗读教学对教师的要求

随着中学语文教学改革宏观背景的改变——素质教育对课程改革、教材改革、教法改革提出了新的要求，朗读教学的研究也日益引起人们的重视，这对语文教师提出了更高的标准。具体而言，教师要在以下几方面做出努力：

一、提高朗读水平与范读能力

教师的范读对带动学生情绪，引导学生深入学习有举足轻重的作用。梁实秋回忆他的老师徐锦澄讲课时写道："徐先生于介绍作者之后，朗诵全文一遍，这一遍朗诵可很有意思。……好像是演员在背台词，他把文字里蕴藏着的意义好像都给宣泄出来了。他念得有腔有调，有板有眼，有感情，有气势，有抑扬顿挫，我们听了之后，好像是已经领会到原文的意义的一半了。"现代语文教学应当是在老师与学生的对话和情感交流中进行，这就要求教师提高自身的朗读水平，能给学生作出良好的示范。

首先要进行普通话正音训练。普通话有其他方言不具备的优势：音系

简单，音节结构形式较少，音节中元音占优势，乐音成分多，四个声调抑扬分明，音节间隔清晰，词的双音节化和轻重格式的区分以及轻声、儿化的使用，使得有声语言更加准确、丰富，也更有表现力。因此，在朗读前必须了解普通话的基本知识，进行普通话正音训练，为朗读奠定良好基础。

其次是进行发声共鸣与吐字归音训练。只有科学发声、归音到位，朗读才有韵味，因此发声共鸣与吐字归音是学习朗读必须具备的一项基本功。优秀的朗读艺术家总是不断地进行声音训练，只要他一张口，听者立刻就会被其富有磁性的声音吸引住，进而关注其朗读的内容。

提高朗读技能最为关键的是系统学习朗读基本知识，掌握声音表达技巧。在深入分析、理解课文的基础上，运用丰富多样的表达技巧，准确、生动地再现课文的思想内容，激发听者情感，引起听者共鸣，从而达到课文朗读的目的。

二、提高对学生朗读的指导能力

教师除了要自己读得好，还要具备对学生的朗读情况进行评价与指导的能力。教师应根据教学目的、教学要求和学生的年龄特点确定恰当的朗读教学标准，然后对学生的朗读情况做出有效的指导。

首先，要了解普通话语音规律和发声吐字的基本原理，能够快速、准确地分析出学生发音错误的原因并及时作出纠正。在纠正学生的错误时，不仅仅是纠正课文中的生字或个别字词，还要通过个别字音的矫正改变学生语音中"系列"问题，使学生的普通话水平得到全面提升。

其次，指导学生读得流畅、自然。这就需要教师培养学生良好的朗读习惯，不指读、不喊读、不拖腔、不唱读、不错字、不添字、不漏字、不回读、不颠倒语序，等等，通过反复朗读强化学生认读的准确性和流畅性。

再次，指导学生在深入理解体会课文的基础上，正确运用重音、停

连、语气、语调、节奏等声音技巧读出课文的内涵与情感。

最后，指导学生通过朗读感受课文情境，体味作者情感，理解语言韵味，使学生对课文有更高层次的认知与感悟。

三、探索高效的课堂朗读教学方法

学生是不断发展的行为主体，从小学到高中十二年间，由于生理、心理、阅历等变化会显示出不同的学习能力和认知水平。而缺乏心理梯度、目标模糊、低段循环的朗读教学，效率非常低下。因此，在中学语文朗读教学过程中，教师如何根据中学语文教学目标，设计出明确的朗读教学思路，然后根据具体课文的主题内涵、文体特点以及学生的具体情况，探索出有创意的、高效的朗读教学方法，这不仅是中学语文教师，也是专业语音工作者应积极努力的方向。

第二章　打好语音基础

　　课文朗读是把文字转化成有声语言的一种再创造活动，其中的"有声语言"必须是发音规范的普通话。所谓普通话，是指以北京语音为标准音，以北方话为基础方言，以典范的现代白话文著作为语法规范的现代汉民族的共同语。

　　朗读课文需要使用规范的普通话，反过来，通过课文朗读，可以更好地规范普通话语音，提高普通话水平。

第一节　声母规范

一、声母概述

　　声母是汉语音节中开头的辅音。普通话语音系统中共有22个辅音，除了ng之外，其余21个均可充当声母。它们是：b、p、m、f、d、t、n、l、g、k、h、j、q、x、zh、ch、sh、r、z、c、s。

　　在普通话里，有些音节不以辅音开头，称为零声母音节。

二、声母的发音部位与发音方法

1. 声母的发音部位

发音时，气流受到阻碍的位置叫做发音部位。普通话声母按发音部位的不同可以分为七类：

（1）双唇音。由上下唇阻碍气流，有b、p、m 3个。

（2）唇齿音。由下唇内缘与上门齿阻碍气流，只有f 1个。

（3）舌尖前音。由舌尖与门齿背阻碍气流，有z、c、s 3个。

（4）舌尖中音。由舌尖与上齿龈阻碍气流，有d、t、n、l 4个。

（5）舌尖后音。由舌尖与硬腭前端阻碍气流，有zh、ch、sh、r 4个。

（6）舌面音。由前舌面与硬腭前部阻碍气流，有j、q、x 3个。

（7）舌根音。由舌根与软腭阻碍气流，有g、k、h 3个。

2. 声母的发音方法

（1）根据形成阻碍和消除阻碍的不同方式可以把声母分为塞音、擦音、塞擦音、鼻音、边音五类。

①塞音。发音时，发音部位完全闭塞，然后突然打开爆发成声，有b、p、d、t、g、k 6个。

②擦音。发音时，由发音部位造成缝隙，气流从窄缝中挤出，摩擦成声，有f、h、x、sh、r、s 6个。

③塞擦音。是由塞音和擦音结合而成，发音时，先堵塞后摩擦。即发音时，两个部位完全闭塞，气流先把阻塞部位冲开一条窄缝，接着从窄缝中挤出，摩擦成声，有j、q、zh、ch、z、c 6个。

④鼻音。发音时气流从鼻腔通过，有m、n 2个（另外，还有一个不做声母的ng）。

⑤边音。发音时气流从舌头两边通过，只有1个l。

（2）按发音时声带是否振动，可把声母分为清音和浊音两类。

①清音。发音时声带不振动，有b、p、f、d、t、g、k、h、j、q、x、zh、ch、sh、z、c、s 17个。

②浊音。发音时，声带振动，有m、n、l、r 4个。

（3）按发音时呼出气流的强弱，可以把声母中的塞音、塞擦音分为送气音和不送气音两类。

①送气音。发音时，口腔呼出的气流比较强，有p、t、k、q、ch、c 6个。

②不送气音。发音时，口腔呼出的气流比较弱。有b、d、g、j、zh、z 6个。

三、课文朗读中易出现的声母错误

1. 舌尖后音zh、ch、sh读为舌尖前音z、c、s，或舌尖后音与舌尖前音相混，或舌尖前音z、c读为舌尖中音d、t。

2. 舌尖后浊擦音r读为舌尖前浊擦音[z]、舌尖浊边音l、半元音[j]。

3. 舌面音j、q、x读为舌尖前音z、c、s或舌面后音g、k、h。

4. 送气音p、t、k、q、ch、c读为不送气音b、d、g、j、zh、z，或送气音与不送气音相混。

5. 塞擦音zh、ch，z、c，j、q读为擦音sh、s、x，或塞擦音与擦音相混。

6. 舌面后送气音k读为舌面后擦音h。

7. 鼻音n与边音l相混。

8. 唇齿擦音f与舌面后擦音h相混。

9. 零声母加上舌面后鼻音声母ng，或有辅音声母的音节读为零声母音节。

10. 遗留方言声母边擦音[ɬ]。

四、课文朗读声母矫正练习

练习材料1：（练习声母b、p、d、t、g、k、zh、sh、q、x）

故人具鸡黍，邀我至田家。

绿树村边合，青山郭外斜。

开轩面场圃，把酒话桑麻。

待到重阳日，还来就菊花。

（孟浩然《过故人庄》）

练习材料2：（练习声母z、s、ch、d、m、l、j、x）

杨花落尽子规啼，闻道龙标过五溪。

我寄愁心与明月，随风直到夜郎西。

（李白《闻王昌龄左迁龙标遥有此寄》）

练习材料3：（练习声母j、q、x、c、zh、sh、n、l、f、h）

岐王宅里寻常见，崔九堂前几度闻。

正是江南好风景，落花时节又逢君。

（杜甫《江南逢李龟年》）

第二节　韵母规范

一、韵母概述

韵母是汉语音节中声母后面的部分。普通话韵母共有39个，用不同的标准可以把普通话韵母分为不同的类别。

1. 按韵母结构成分的特点可分三类：

（1）单韵母。由1个元音充当的韵母，共有10个：a、o、e、i、u、ü、ê、er、-i（前）[ɿ]、-i（后）[ʅ]。

（2）复韵母。由2个或3个元音复合而成的韵母，共有13个：ai、ei、ao、ou、ia、ie、ua、uo、üe、uai、uei、iao、iou。

（3）鼻韵母。由元音与鼻辅音（n或ng）复合而成的韵母，共有16

个：an、en、ian、in、uan、uen、üan、ün、ang、eng、ong、iang、ing、iong、uang、ueng。

2. 根据韵母开头元音的发音口形可分四类：

（1）开口呼。没有韵头，韵腹又不是i、u、ü的韵母，共有16个：-i（前）[ɿ]、-i（后）[ʅ]、a、o、e、ê、er、ai、ei、ao、ou、an、en、ang、eng、ong（有的将ong归入合口呼）。

（2）齐齿呼。韵头和韵腹是i的韵母，共有10个：i、ia、ie、iao、iou、ian、in、iang、ing、iong（有的将iong归入撮口呼）。

（3）合口呼。韵头或韵腹是u的韵母，共有9个：u、ua、uo、uai、uei、uan、uen、uang、ueng。

（4）撮口呼。韵头或韵腹是ü的韵母，共有4个：ü、üe、üan、ün。

二、韵母发音方法

1. 单韵母的发音

单韵母的发音是由口腔的形状决定的，它涉及以下三个方面：

（1）舌位的前后。指发音时舌头隆起点（舌高点）的前后。据此，可把元音分为前元音、央元音、后元音。

（2）舌位的高低（或口腔的开闭）。舌位的降低和抬高同口腔的开闭即开口度大小有关，开口度越小舌位越高，开口度越大舌位越低。据此，可把元音分为高元音、半高元音、半低元音、低元音。

（3）唇形的变化。据此，可把元音分为圆唇元音和不圆唇元音。

2. 单韵母的发音分析

（1）舌面元音单韵母

a[A]　舌面、央、低、不圆唇元音。发音时，口大开，舌位低，舌头居中央（不前不后），唇形不圆。

o[o]　舌面、后、半高、圆唇元音。发音时，口半闭，舌位半高，舌头后缩，唇拢圆。

e[ɤ]　舌面、后、半高、不圆唇元音。发音时舌位与o基本相同，但双唇要自然展开。

ê[ɛ]　舌面、前、半低、不圆唇元音。发音时，口半开，舌位半低，舌头前伸，舌尖抵住下齿背，唇形不圆。（韵母ê除语气词"欸"外单用的机会不多，只出现在复韵母ie、üe中。）

i[i]　舌面、前、高、不圆唇元音。发音时，唇形呈扁平状，舌头向前伸，舌尖抵住下齿背。

u[u]　舌面、后、高、圆唇元音。发音时，双唇拢圆，留一小孔，舌头往后缩，舌根接近软腭。

ü[y]　舌面、前、高、圆唇元音。发音时，舌位与i基本相同，但唇形拢圆。

（2）特殊元音韵母

er[ər]　卷舌、央、中、不圆唇元音。发音时，口自然打开，舌位不前不后不高不低，舌前、中部上抬，舌尖向后卷，和硬腭前端相对。

-i（前）[ɿ]　舌尖、前、高、不圆唇元音。发音时，舌尖前伸，靠近上齿背，气流通路虽狭窄，但气流经过时不发生摩擦，唇形不圆。-i（前）[ɿ]不能自成音节，只能与声母z、c、s相拼。

-i（后）[ʅ]　舌尖、后、高、不圆唇元音。发音时，舌尖上翘靠近硬腭前端，气流通路虽狭窄，但气流经过时不发生摩擦，唇形不圆。-i（后）[ʅ]不能自成音节，只能与zh、ch、sh、r相拼。

3. 复韵母的发音分析

（1）有动程。单韵母发音时，发音器官各部位没有变化，共鸣状态没有改变，音色始终如一。而发复韵母时则不同，唇形、舌位的前后与高低都在变化滑动，音色在两个或三个元音中间过渡。

（2）复韵母中的元音音素与单韵母发音的位置不尽相同，实际发音时不要机械地按照单元音去发。

（3）复韵母虽由两个或三个元音构成，但其发音并不是每个元音的分解组合，它听起来是一个音。发音时，唇舌在元音之间自然过渡，浑然一体。

4. 鼻韵母的发音分析

（1）有动程。舌位由前面元音的状态向后面鼻辅音（n、ng）的状态行进。发音时，应先挺软腭，堵住鼻腔通路，发好元音音素，然后再由元音发音状态向鼻音转化，舌的前部或后部逐渐抬起，堵住口腔通路，放松软腭，最后使气流从鼻腔通过。

（2）元音不能鼻化。要注意开始发元音时，不能使其鼻化。鼻音出现在韵尾。

（3）鼻韵母没有除阻阶段。n或ng在韵尾时，没有除阻阶段，也就是成阻部位不变，鼻音一生即收。

（4）归音必须到位。前鼻韵母发音收尾时，要将舌尖收到上齿龈；后鼻韵母发音收尾时，要将舌根接触到软腭。例如："观众（guān zhòng）"二字，前者舌尖要收到上齿龈，后者要将舌根接触软腭。

三、课文朗读中易出现的韵母错误

1. 舌尖韵母-i读为舌面韵母i，或相混，例如："自己"读为zi ji。

2. 混淆不圆唇元音e与圆唇元音o，或e读为uo或ê。

3. 撮口呼韵母读为齐齿呼韵母，或相混。

4. 合口呼韵母u读为撮口呼韵母。

5. 卷舌韵母er读为e，无卷舌色彩。

6. 有韵头的韵母ia、iou、iong、uei、uen读为无韵头的韵母。

7. 宽窄韵腹ai与ei、ao与ou、an与en、ian与in、üan与ün、eng与ang或ong等相混。

8. 二合元音复韵母读为单元音韵母，例如：ai读为[æ]，ei读为[ɛ]，uo读为[o]等（若略有动程，可算缺陷）。或把三合元音韵母读为二合元音韵母。

9. 后鼻音韵母读为前鼻音韵母，例如：ang、eng、ing读为an、en、in，或前后鼻韵母相混。

10. 前鼻韵母读为鼻化韵母，例如：an读为[ã]，ian读为[iã]，uan读为[uã]，üan读为[yã]。

11. 缺失鼻韵尾，鼻韵尾读为开韵尾。

四、课文朗读韵母矫正练习

练习材料1：（练习韵母a、o、e、üê、ia、ua、uo、üe、en、in、ang、iang）

　　　　烟笼寒水月笼沙，夜泊秦淮近酒家。

　　　　商女不知亡国恨，隔江犹唱后庭花。

（杜牧《泊秦淮》）

练习材料2：（练习韵母i、ong、uei、-i [ʅ]、ao、an、ei、uen、ong、uang）

　　　　山际见来烟，竹中窥落日。

　　　　鸟向檐上飞，云从窗里出。

（吴均《山中杂诗》）

练习材料3：（练习韵母er、ai、-i [ɿ]、ie、ün、ian、ing）

　　山不在高，有仙则名。水不在深，有龙则灵。斯是陋室，惟吾德馨。苔痕上阶绿，草色入帘青。谈笑有鸿儒，往来无白丁。可以调素琴，阅金经。无丝竹之乱耳，无案牍之劳形。南阳诸葛庐，西蜀子云亭。孔子云：何陋之有？

（刘禹锡《陋室铭》）

练习材料4：（练习韵母u、an、ou、ian、o、uan、iou、uei、ou）

　　无言独上西楼，月如钩。寂寞梧桐深院锁清秋。

　　剪不断，理还乱，是离愁。别是一番滋味在心头。

（李煜《相见欢》）

第三节　声调标准

一、声调概述

　　声调是指每一个音节中能区别意义的声音的高低升降形式。一个汉字读音就是一个音节，所以声调又称字调。

　　声调和声母、韵母一样，具有区别词义的作用，并使语言富有节奏感。

二、调值与调类分析

　　调值是声调的实际读音，也就是声调的高低升降的变化形式。普通话声调的调值有四种：高平调、中升调、降升调、全降调。

　　为了详细而准确地描写声调的调值，一般采用"五度标记法"，见图2.1。

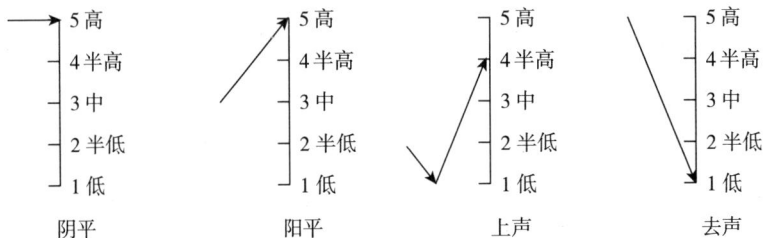

| 阴平 | 阳平 | 上声 | 去声 |

图2.1

　　调类是声调的种类，是按照声调的实际读法（即调值）归纳出来的类别。普通话有四种调值，自然归纳出四种调类。凡调值为高平（55）的，归为一类，叫阴平；凡调值为中升（35）的，归为一类，叫阳平；凡调值为降升（214）的，归为一类，叫上声；凡调值为全降（51）的，归为一类，叫去声。

三、课文朗读中易出现的声调错误

1. 阴平高平调（调值55）读为升调、降调、曲折调，或读为半低平调（调值22）、低平调（调值11）。

2. 阳平高升调（调值35）读为平调、降调、曲折调。

3. 上声降升调（调值214）读为平调、升调。

4. 去声全降调（调值51）读为平调、升调，曲折调。

四、课文朗读声调矫正练习

练习材料1：（重点练习阴平调）

黄梅时节家家雨，青草池塘处处蛙。

有约不来过夜半，闲敲棋子落灯花。

（赵师秀《约客》）

练习材料2：（重点练习阳平调）

渡远荆门外，来从楚国游。

山随平野尽，江入大荒流。

月下飞天镜，云生结海楼。

仍怜故乡水，万里送行舟。

（李白《渡荆门送别》）

练习材料3：（重点练习上声调）

苍苍竹林寺，杳杳钟声晚。

荷笠带夕阳，青山独归远。

（刘长卿《送灵澈上人》）

练习材料4：（去声声调练习）

水是眼波横，山是眉峰聚。欲问行人去那边，眉眼盈盈处。

才始送春归，又送君归去。若到江南赶上春，千万和春住。

（王观《卜算子·送鲍浩然之浙东》）

练习材料5：（声调综合练习）

  种豆南山下，草盛豆苗稀。

  晨兴理荒秽，戴月荷锄归。

  道狭草木长，夕露沾我衣。

  衣沾不足惜，但使愿无违。

（陶渊明《归园田居》其三）

第四节　音变自然

读准普通话的声母、韵母、声调和整个音节之后，朗读时的语音还不够自然，这就是因为在连续的语流中，由于相邻音节的相互影响或表情达意的需要，有些音节的读音发生了变化，出现音变现象。语流音变主要表现在四个方面：变调、轻声、儿化和句末语气词"啊"的变化。

一、变调

1. 上声变调

上声的调值是214，但上声字只有在单念、出现在句末或句中停顿之前时读本调。在其他情况下，上声会发生变化。

（1）上声在非上声（阴平、阳平、去声）前面，变半上（只降不升），调值为211。例如：

北京　　海军　　奖杯　　首先

（2）两个上声相连，前面的上声变阳平，调值为35。例如：

首长　　小组　　水井　　反省

（3）三个上声相连，有两种变法。

①单双格——后两个上声字在语法上联系较紧。在单双格中，第一个上声变半上211，后两个上声按两上相连的情况变化。例如：

纸老虎　　耍笔杆　　小两口　　很美满

②双单格——前面两个上声字在语法上联系较紧。在双单格中，前两个上声都变阳平35。例如：

展览馆　　母女俩　　蒙古语　　洗脸水

（4）多个上声相连时，先根据语义分组，然后再按上述规律变化。例如：

咱俩/永远/友好

（5）上声在由上声变来的轻声前面（上声+轻上声）有两种变法。

①变半上211（多为单纯词）。例如：

姐姐　　奶奶　　耳朵　　马虎

②变阳平35（多为合成词）。例如：

想想　　走走　　手里　　嘴里　　晌午　　把手

2. "一"的变调

"一"字单念时读本调，在表序数、日期或出现在词语末尾时也读本调，调值为55，如："一楼""一九一一年一月一日""统一""万一"。在其他情况下，"一"字有三种变调。

（1）在去声前变阳平35。例如：

一半　　一度　　一共　　一概

（2）在非去声（阴平、阳平、上声）前变去声51。例如：

一般　　一直　　一举

（3）夹在重叠动词中间变轻声。例如：

走一走　　讲一讲　　学一学　　试一试

3. "不"的变调

"不"单念或用于句末时读本调，在非去声前读本调，调值为51。如："不说""不读""不写"。在其他情况下，"不"有两种变调。

（1）在去声前变阳平35。例如：

不在　　不去　　不对　　不见

（2）夹在词语中间变轻声。例如：

去不去　　想不想　　听不清　　看不懂

二、轻声

1. 轻声概述

普通话每一个音节都有声调，可是在词或句子里，许多音节常常失去原有的声调而变成又轻又短的声音，这就是轻声。轻声能分辨词义、区分词性，可使言语流畅，富有音乐感。

2. 轻声的规律

（1）语气词读轻声。例如：吗、吧、啦、啊、呢。

（2）助词读轻声。例如：的、地、得、着、了、过。

（3）趋向动词做补语时读轻声。例如：出来、进去、放下、挂上、拿起。

（4）叠音名词和重叠动词后面的字读轻声。例如：妈妈、星星、听听等。

（5）名词、代词后面表示方位的字读轻声。例如：房上、地下、屋里、这边。

（6）名词、代词后缀"子、头、们"读轻声。例如：院子、柿子、木头、外头、我们、他们。但一些专用名词或科学术语中的"子"不能读轻声，如：原子、电子、分子、枸杞子。

以上这些读轻声的音节都有比较强的规律性。此外，还有一大批双音节词语的第二个音节习惯上也读轻声，例如：玻璃、耳朵、清楚、便宜、明白、客气。

三、儿化

1. 儿化概述

各种韵母加上卷舌动作就叫儿化，儿化了的韵母叫儿化韵。儿化韵的读法是：在发韵腹的时候，舌头即开始由前往后卷，直到发音结束。比如：花儿huār、鸟儿niǎor，都是从a开始卷舌的。

儿化的主要作用是区别词性和词义，另外还表示"细""小""少"的含义以及"喜爱""亲切""鄙视"等特殊的感情色彩。

2. 儿化的音变规则

在儿化过程中，普通话韵母的结构情况大致遵循以下几条规则：

（1）由a、o、e、ê、u收尾的韵母，只加卷舌成分，结构不变。

（2）单韵母i、ü，在韵母后面加[ər]。

（3）单韵母-i（前）[ɿ]、-i（后）[ʅ]，韵母被[ər]代替。

（4）由i、n做韵尾的韵母，韵尾脱落，主要元音（或稍有变化后）卷舌。

in、ün的韵尾脱落之后变成单韵母i、ü，按第二条规则，后面加[ər]。

（5）由ng做韵尾的韵母，韵尾脱落后韵腹鼻化（韵腹发音时软腭下垂，气流同时从口腔和鼻腔流出，口腔和鼻腔同时共鸣。鼻化元音常用元音上面加"～"来表示），并卷舌。

四、句末语气词"啊"的变化

句末语气词"啊"的音变受其前面相邻音节的末尾音素的影响。其音变规律可概括为：能自然拼读的按拼读之后的读音，不能自然拼读的一律读"ya"。例如：

1. 前一音节末尾的音素是a、o（ao，iao除外）、e、ê、i、ü时，"啊"读作ya，汉字也可以写为"呀"。

你说话呀（huà ya）！

你坐几点的车呀（chē ya）！

快来呀（lái ya）！

2. 前一音节的末尾音素是u时（ao、iao的末尾音素实际是u），读作wa，汉字写作"哇"。例如：

你在哪儿住哇（zhù wa）？

他长得真高哇（gāo wa）！

胆子可不小哇（xiǎo wa）！

3. 前一音节的末尾音素是n时，读作na，汉字写作"哪"。例如：

天哪（tiān na），这可让我怎么做人哪（rén na）！

这事儿你要抓紧办哪（bàn na）。

4. 前一音节的末尾音素是ng时，读作nga，汉字写作"啊"。例如：

咱们老百姓啊（xìng nga），今儿个真高兴啊（xìng nga）！

5. 前一音节的末尾音素是-i（前）[ᴧ]时，读作（za），汉字写作"啊"。例如：

你要好好写字啊（zì za）！

6. 前一音节的末尾音素是-i（后）[ᴧ]、单韵母er以及不是u和ng收尾的儿化韵时读作ra，汉字写作"啊"。例如：

是啊（shì ra）。

女孩儿啊（háir ra）。

u尾儿化韵后面的a仍读作wa。如：小兔儿啊（tùr wa），桃儿啊（táor wa）。ng尾儿化韵后面的a仍读作nga。如：山杏儿啊（xìngr nga），小张儿啊（zhāngr nga）。

五、课文朗读中易出现的语流音变错误

1. 《现代汉语词典》《普通话水平测试大纲》注音没有分歧的轻声词中没有读作轻声的。

2. 儿化音节读得近乎两个音节，即有"儿"未"化"，或韵腹读为另一个音，例如：儿化音节中带有ar的儿化韵读为带有er的儿化韵。

3. 上声音节和上声音节相连没有按规律变调的。即前一个上声音节变调调值应为半上21，后一个上声音节变调调值为35（也称为"直上"）。例如："广场"声调读为21+35。

4. "一""不"变调错误，包括朗读中应变调而读为原调的情况。

5. 语气词"啊"的音变错误。

6. AA式叠字形容词带上"~儿"尾读儿化韵时，在朗读中没有变调的。

六、课文朗读语流音变矫正练习

练习材料1：（"一"的变调）

　　莫言下岭便无难，赚得行人错喜欢。

　　正入万山圈子里，一山放出一山拦。

（杨万里《过松源晨炊漆公店》）

练习材料2：（"不"的变调）

　　前不见古人，后不见来者。

　　念天地之悠悠，独怆然而涕下。

（陈子昂《登幽州台歌》）

练习材料3：（儿化）

　　喇叭，唢呐，曲儿小腔儿大。官船来往乱如麻，全仗你抬声价。军听了军愁，民听了民怕。哪里去辨甚么真共假？眼见的吹翻了这家，吹伤了那家，只吹的水尽鹅飞罢！

（王磐《朝天子·咏喇叭》）

练习材料4：（语流音变综合训练）

　　假如我变成了一朵金色花，为了好玩，长在树的高枝上，笑嘻嘻地在空中摇摆，又在新叶上跳舞，妈妈，你会认识我吗？

　　你要是叫道："孩子，你在哪里呀？"我暗暗地在那里匿笑，却一声儿不响。

　　我要悄悄地开放花瓣儿，看着你工作。

（泰戈尔《金色花》）

第三章　力求声音美化

　　朗读作为一种有声语言的艺术，它所依赖的创造形象的工具，就是人类发音器官发出的声音。朗读要发出美妙动人的声音，就必须了解与掌握发音器官的构造与运动功能，学会发声、呼吸、共鸣方法。

第一节　呼吸方式得当

　　呼吸是发声的动力。气息和声音的关系就像电力和机器的关系一样，没有电力，机器就不能开动。人们在日常说话的时候可能不大讲究对呼吸的控制，但如果在朗读、演讲、演唱等对用声有较高要求的时候，如不能对呼吸进行科学的控制，声音就不能持久、自如，久而久之还会对发音器官造成损害。因此朗读时必须采用正确的呼吸方式，掌握科学的呼吸控制技能。

一、呼吸发声原理

1. 人体呼吸器官

　　从人的言语功能的角度，可把呼吸通道、胸腔、膈肌和腹肌看作与呼吸控制有关的器官。

　　（1）呼吸通道：鼻腔—口腔—咽腔—喉腔—气管—支气管—肺。人的

呼吸是沿着这一路线进行的。

（2）胸腔：胸内的体腔部分。外部是胸廓，由骨支架和肌肉构成，形似鸟笼。胸廓的扩大和缩小是由胸部肌肉的收缩与放松来完成的。肺在胸腔内部，随胸廓的运动将空气吸入和排出。

（3）膈肌：也称横膈膜，位于胸腔底部，像圆顶帽子一样扣在那里，周围和胸腔壁相连，把胸腔和腹腔上下隔开。膈肌属于吸气肌。吸气时膈肌收缩下降，胸腔向下扩展；呼气时，膈肌放松，恢复原位，胸腔缩小。实验表明，膈肌每下降1厘米，吸气量可增加250～300毫升。

（4）腹肌：是腹直肌、腹内斜肌和腹外斜肌等腹部肌肉的统称。腹肌属于呼气肌。虽然人们在日常呼气时对腹肌的作用没有什么感觉，但在艺术语言发声的呼吸控制中，腹肌的作用是不可忽视的。正是由于腹肌的收缩，产生一定的腹压，从而形成一种抗衡的力量，牵制了膈肌的运动。

通常我们把使胸腔扩大以完成吸气的肌肉统称为吸气肌肉群，把使胸腔缩小以完成呼气的肌肉称为呼气肌肉群。

2. 呼吸原理

肺虽然是重要的呼吸器官，但它是被动器官，本身不会主动进行呼吸，人的呼吸要靠胸腔的扩大和缩小来完成。

当吸气肌肉群收缩时，胸腔扩大，胸腔内部气压就会小于体外气压，此时，空气便由呼吸通道进入肺泡使肺叶扩张，这就是吸气过程。反之，当呼气肌肉群收缩或吸气肌肉群自然放松时，胸腔就会随之变小，肺叶里的空气又会受到挤压经过呼吸通道排出体外，这就是呼气。

生活中的呼吸与完成语言发声功能的呼吸之间有着明显的差异。前者是一种自律性的生理活动，而后者有感情的参与，受意识的控制。二者的呼吸量和呼吸的时间比也不相同。生活中安静状态下呼吸之间的空气交换量大约为500毫升，吸与呼的时间比约为1：1.2。而在一般言语发声时，呼吸之间的空气交换量在1000～1500毫升之间，吸与呼的时间比为1：5～1：8。经过严格训练，呼吸之间的空气交换量可以达到2400～3000毫升，吸与呼的时间比可为1：12～1：20，甚至更大。

二、日常呼吸方式

1. 胸式呼吸

胸式呼吸又称浅呼吸。主要靠提起上胸扩大胸腔的前后左右径来吸气，吸气抬肩是其身体特征，女性使用这种呼吸方式的较多。在三种呼吸方式中，胸式呼吸的吸气量最小。采用这种呼吸方式发出的声音轻飘、窄细，并且容易造成肩部紧张、喉部负担重、易疲劳以及声音僵化等问题。

2. 腹式呼吸

腹式呼吸是一种深呼吸。它主要靠降低膈肌（又称横膈膜，位于胸腔底部）扩大胸腔的上下径来吸气，吸气时腹部外突，男性使用这种呼吸方式的较多。腹式呼吸虽然具有吸气量较大和深沉的优点，但这种呼吸使腹肌不能在发声时起到应有的作用，且容易造成低沉、闷暗的声音色彩。

3. 胸腹联合呼吸

胸腹联合呼吸是胸式呼吸和腹式呼吸的结合，是一种运用胸腔、膈肌和腹肌共同控制气息的呼吸方式，多见于身体强健的人。这种呼吸方式扩大了胸腔的容积，吸气量最大。同时，由于它建立了胸、膈、腹之间的关系，所以增强了呼吸的稳健感，有利于控制，而且易于产生坚实、响亮的音色。

三、朗读呼吸方式

1. 吸气的要领

（1）吸到肺底。吸气要深，用吸到肺底的感觉引导气息下沉，使膈肌明显收缩下降，能有效增加进气量。

（2）两肋打开。吸气时，应在肩胸放松的情况下使下肋得到较充分的扩展，此时膈肌与胸廓的运动产生联系。一般感觉两肋的打开，以左右平衡运动为主。

（3）腹壁站定。吸气时，在胸部扩张的同时，应使腹部肌肉向小腹的中心位置收缩，腹壁保持不凸不凹的状态。

上面的三条要领是胸腹联合呼吸一次吸气动作的分解，实际上它们在吸气过程中是同步进行的，所以在分解体会的基础上，还应获取综合感觉。正确的综合感觉应是：随着吸气量的增加，腰带周围逐渐紧张，躯干逐渐"发胖"，胯下沉重有力，双肩仍处于放松状态，两臂能自由动作。

2.呼气的要领

（1）稳劲

要达到稳劲的呼气状态，应把握"力发于丹田"的要领。呼气发声时，腹肌适度保持向小腹的中心位置——丹田收缩的力量以牵制膈肌和两肋，使其不能迅速回复到自然状态，"拉住"上行气流，呼到最后，"拉"到最后，从而产生稳劲的呼气效果。

（2）持久

气息持久有两层含义：一是一口气能够维持较久，发出较多音节；二是能够长时间保持良好的呼吸状态。单从呼气环节考虑，节省是关键。要最大程度地节省气息可采用以下办法：

①尽量使用偏实的中音。在低音、高音、中音三种用声方式中，中音的耗气量最少（三者耗气量的比约为4∶2∶1）。同时，由于中音上下留有余地，更有利于表达。

②吞吐结合。吞、吐是控制呼气发声的两种意识。以内收感为主导的控制方式叫吞，以外送感为主导的控制方式叫吐。一般情况下，人们在呼气发声时较多采用吐的方式，这种方式耗气较多。如果适时采用吞的方式呼气发声，也可以达到节省气息的目的。吞不是倒吸气，是在呼气过程中，吸气肌肉群最大程度地发挥作用，和呼的力量抗衡，从而减少呼气量。

③加强唇舌力度。在咬字过程中，唇的开启和关闭，舌的抬起和降落都会对呼出的气流形成不同程度的控制。因此，加强唇舌力度也可以达到省气的目的。

④及时换气。气息在使用的过程中必须得到及时补充才能持久发挥作用，换气时要注意以下几点：

一是要句首换气。一句话结束后不要马上进气，而应在下句开始前进气。

二是要换气到位。每次换气都应吸到肺底，不能时浅时深。丹田及下肋的感觉可以时大时小，但不能时有时无。

三是留有余地。吸气应适度，并非越多越好。一般情况下吸到七八分满即可，吸气过满会导致僵硬。使用中的气息应有所储存，不要到彻底用完时再换气，否则会让人感到声嘶力竭（单纯以增大肺活量为目的的呼吸训练除外）。

（3）变化

语言的表现力是靠声音色彩的变化来实现的，而声音色彩的变化在很大程度上又要依赖于富有活力的气息运动。因此，在获得稳劲、持久的呼吸控制能力的基础上，还应掌握运动着的气息的控制规律，做到能随内容和感情的变化而变化。具体方法如下：

第一，调节腹肌的吃力状态。腹肌的支持力加强，可以通过与膈肌的对抗使胸腔内的气息压力加大发出较高较强的声音；相反腹肌的支持力减弱，会使胸腔内的气息压力减小，发出较低较弱的声音。前者称为强控制，后者称为弱控制。对腹肌调节适度灵活，便会给气息造成一种有活力的控制，形成强弱之间的多层次变化。

第二，以情运气。"气乃情所致"，气息自动化控制的枢纽是感情的运动。气、声、情三者的关系是：以情运气，以气托声，以声传情。呼气发声时，要有积极的精神状态，要在理解、感受所朗读内容的基础上使感情运动起来。利用感情调节呼吸运动的方式，是呼吸控制的高级阶段。

第二节　共鸣控制得法

人的语音是由于呼出的气息冲击声带而形成的。声带所发出的原始声音微弱、单薄，经过共鸣器官的扩大之后才会响亮、丰满。生活中不经控

制的自然共鸣有时不能满足朗读的用声要求，这就需要学习和掌握科学的共鸣方法，并进行长期训练。一个人的声带是天生的，但是共鸣的运用是可以后天获得的。

一、共鸣控制原理

两个振动频率相同的物体，当一个物体振动时，会引起另一个物体的振动，这种现象叫共振。物体因共振而发声的现象叫共鸣。

人在说话时，声带因振动而发出的原始声音叫基音。基音是单薄微弱的，它的声波能引起人体各共鸣腔体的共振而产生泛音，这就是人声的共鸣。人声共鸣的意义在于扩大和美化声音。

二、人体共鸣机构

人体有三大共鸣机构：高音共鸣机构、中音共鸣机构、低音共鸣机构。

1. 高音共鸣机构

高音共鸣机构是硬软腭以上各共鸣腔体，包括鼻腔、鼻窦等。这些共鸣腔体大部分属于不可调节共鸣器官，腔体具有稳定的固定空间，其体积和形状是无法改变的。它们共鸣效果的强弱，是由气息和声波传导方向的控制来决定的。它们对高音的共鸣作用很大。

2. 中音共鸣机构

中音共鸣机构是硬软腭以下、胸腔以上各共鸣腔体，包括口腔、咽腔、喉腔等，它们属于可调节共鸣腔体。口腔可大可小，舌头可前可后、可高可低，可灵活自如地活动；咽腔的肌肉可以收缩或放松；喉腔能上能下。这些运动变化，可以塑造不同的声音。这些共鸣腔体对中音的共鸣效果非常明显。

3. 低音共鸣机构

低音共鸣机构是喉部以下共鸣腔体，主要指胸腔。它能对声带产生的低频音波产生共鸣。发音时如果把手放在胸口处，会感到胸部在振动；声音越低，这种振动感越明显。

三、朗读共鸣方式

人体三大共鸣机构各有作用，其共鸣效果也各有千秋：高音共鸣使声音高亢、明亮，中音共鸣使声音坚实、自然，低音共鸣使声音低沉、浑厚。对于课文朗读、演讲、播音、授课等口语活动的用声，我们提倡"以口腔为主的三腔共鸣"，也就是以口腔为代表的中音共鸣为主同时辅以适量高音、低音共鸣的复合共鸣方式。这样的共鸣方式所获得的声音有磁性、有弹性、有魅力，坚实响亮，悦耳动听。

四、共鸣控制

1. 口腔共鸣控制

口腔是所有共鸣器官中最重要、最灵活的共鸣腔体，是中音共鸣的主要来源。控制口腔共鸣主要是扩大这一共鸣腔体，其要领是"提颧肌，打牙关，挺软腭，松下巴"，简称"提、打、挺、松"。

（1）提颧肌。颧肌上提时，口腔前部有展宽感觉，鼻孔也随之少许张大，同时使唇尤其是上唇贴近牙齿。颧肌对提高声音的响亮度和字音的清晰度都有明显作用。另外，还可以用开大口同时展开鼻翼的办法来体会。这样快速做上几十次后，颧部就会感到发酸。反复练习，颧肌力量加大，发音时，可自然提起。

（2）打牙关。上下颌之间的关节叫牙关。如果牙关很紧，口腔不易打开。声音就会发扁，会影响吐字的清晰度。打牙关可以丰富口腔共鸣，还可以使咬字位置适中，力量稳健。方法是：上腭主动抬起，上下槽牙之间

似有一指厚的海绵垫，同时两颊肌肉用力撑开向外绷起。这样口腔内壁肌肉有一定的紧张度，使口腔中部得以打开。如果两颊松软无力，音波得不到很好的共鸣。

（3）挺软腭。加大口腔后部空间，缩小鼻咽入口，避免声音过多灌入鼻腔而造成浓重的鼻音。可用半打哈欠的动作来体会。

（4）松下巴。咬字的力量主要在口腔上半部，下巴向内微收，处于放松从容的状态，不能着意，更不能着力。否则，就会导致喉部紧张，发音费力，口型不雅观，发出的声音也不自然。无论从形象上看还是从声音效果上讲，下巴的大幅活动都应避免。

打开口腔是通过有关部位协同动作完成的。提颧肌使口腔前部适当打开，打牙关使口腔中部展开，挺软腭扩大了口腔后部。这几个动作配合起来，就使得口腔上部全面地打开，从而为口语发音提供了一个良好的声音制造场和良好的共鸣环境。

2. 胸腔共鸣方法

胸腔是低音共鸣的主要来源。胸腔的空间及共鸣能量大，发出的声音浑厚、宽广。

获得胸腔共鸣的具体办法是：发声时，咽喉部呈半打哈欠状态，软腭自然下垂，把声波的反射点从硬腭移向下齿背，使声波在喉头和气管附近引起更多的振动，并继续传送到胸腔引起共鸣。

运用胸腔共鸣，体会胸腔响点很重要。当我们发声时，把手捂在胸口上，就会感到胸腔在振动，声音越低振动感越明显。胸部支点的把握对表情达意、言志传神也有一定的作用。

把握胸部支点，首先必须通过发声找到这个点。可以从单音节练起。阴平a支点位置稍靠上，在胸骨上端；阳平a支点由下向上行；上声a先下后上滑动；去声a由上向下滑，降到胸骨下缘。

3. 鼻腔共鸣方法

鼻腔是高音共鸣的主要来源。鼻腔共鸣有三种方式：第一种是发鼻辅音时软腭下垂，气流完全流入鼻腔，产生鼻腔共鸣；第二种是发元音时软

腭提起靠近后咽壁，但不完全接触，这样大部分声波经过口腔流出，少部分声波沿后咽壁传至鼻腔，产生鼻腔共鸣；第三种是发声时声波在口腔中冲击上腭，通过骨肉传导而产生鼻腔共鸣。第一种情况是必需的，后两种情况允许微量的鼻腔共鸣存在，因为微量的鼻腔共鸣可使发音省力，音色响亮。但过多的鼻腔共鸣会产生浓重的鼻音，给人一种得伤风感冒的音感。所以，运用鼻腔共鸣要做到适时、适量。

要获得良好的鼻腔共鸣需要注意以下两点：

（1）发挥软腭的作用。软腭是鼻咽腔的底，形成了穹形，有利于咽壁对声音的推送。通过软腭的作用，促使鼻咽腔形状的变化及音色的变化。用"哼鸣"练习，便于使软腭中部产生振动，扩大鼻咽腔，同时还能使鼻咽腔下部也打开。

（2）打开并控制颌关节。上下颌关节应尽量张开，对于取得共鸣有好处。下颌轻轻下移，感觉好像没有重量，声音就轻松自如了。

第三节　吐字归音到位

吐字归音是我国传统说唱艺术提及咬字方法时的一个代用术语，其中既包括发音的基本要领，也包括发音的审美要求。它是根据汉语语音特点，把一个音节的发音过程分为出字、立字、归音三个阶段，通过对每个阶段的控制，使整个音节的发音清晰饱满，字正腔圆。

我国传统音韵学把一个汉语音节分为声母、韵母和声调三个部分，又把韵母分成韵头、韵腹和韵尾。声母也叫字头；韵头也叫字颈或介音；韵腹也叫字腹；韵尾也叫字尾；声调也叫字神，贯穿音节始终，主要体现在韵腹上。其关系见图3.1：

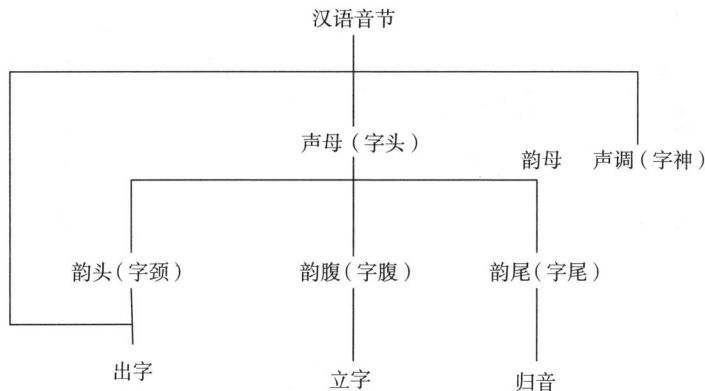

```
                    汉语音节
        ┌──────────────┼──────────────┐
        │        声母（字头）                韵母  声调（字神）
        │    ┌──────────┼──────────┐
        │    │          │          │
    韵头（字颈）      韵腹（字腹）      韵尾（字尾）
        │          │          │
       出字        立字        归音
```

图3.1

一、出字的要求

出字是指字头和字颈的发音过程，也就是声母与韵头的发音过程。要求做到部位准确，蓄气充足，弹发有力。

在实际发音中，这种要求主要落实在声母的发音过程中。例如"电"（diàn）的出字过程应该是这样的：先在准确位置——舌尖与上齿龈成阻（因为声母d是舌尖中音，成阻部位是舌尖与上齿龈），蓄积足够气力，然后迅速除去舌尖与上齿龈的阻力并与韵头i迅速结合，打开口腔。在出字阶段，声母d和韵头i实际是一个整体过程，而不是d和i两个音素的分解。出字过程要有一定的弹射力，这是整个音节的发音是否有力度的关键。

老艺人把出字过程形象地比作"噙"，说"噙字如噙虎"，意思是说，出字时就像大老虎叼着小老虎跳跃山涧一样不紧不松。叼得紧了小老虎会死，叼得松了会掉。这说明出字要用巧力，须集中而富有弹性。

字颈（韵头、介音）都是由窄元音i、u、ü充当的，虽然属于韵母的一部分，但在实际发音中与声母的关系密切，它决定了出字时的口型。如qiān、quān两个音声母都是q，但由于后面的音不同，出字时的口型不一样。为了便于掌握，不致使介音过度延长，我们可把字头和字颈看作一个单位。以"电"（diàn）字为例，各成分间的关系可以这样表示：d-i—a—n。

只有出字有力，才能使整个音节的发音响亮清晰。

从美的角度，在出字时我们强调"叼"的感觉，而不能把吐字归音的"吐"简单地理解为"喷吐"，从而过分使用外向力，造成字散、声塌、气竭的问题。

二、立字的要领

立字是韵腹的发音过程，要求"拉开立起"。一个音节的发音能否圆润、饱满，与韵腹的发音有着密切的关系。"拉开"的意思是横向拉长，即与出字和归音两个阶段相比较，立字阶段的发音时间最长。"立起"的意思是纵向竖起，即韵腹发音时要打开口腔。以"电"（diàn）字为例，出字过后就应打开口腔至发a的状态，气要跟上并获得较丰富的泛音共鸣。与头尾相比，韵腹a的时值最长，并且要有"立体"的感觉。即使是窄元音"i、u、ü"充当韵腹时，口腔也应适当开大以增强口腔共鸣，这样整个音节的发音才会有"立度"。

三、归音的方法

归音是指音节发音的收尾过程，要求趋向鲜明，唇舌到家，干净利索。"趋向鲜明"的意思是，唇舌要有明确的行进方向，要朝着收尾音素的舌位、唇形或成阻部位行进。"唇舌到家"的意思是，唇舌要达到收尾音素发音时所应达到的位置。"干净利索"的意思是归音阶段不要过于延长，不要"拖泥带水留尾巴"。

具体要求如下：

i做韵尾时，舌位要提到一定高度，因为i是舌面、前、高不圆唇元音。

例如：最喜小儿无赖（lài），溪头卧剥莲蓬。

（辛弃疾《清平乐·村居》）

u做韵尾时，要收圆双唇，因为u是圆唇元音。例如：

弃我去者，昨日之日不可留（liú）。

（李白《宣州谢朓楼饯别校书叔云》）

o做韵尾时（ao、iao），要在发u时收音。（韵母ao和iao的韵尾实际上是u而不是o。《汉语拼音方案》为了防止连写时与an、ian混淆而将ao、iao的韵尾写作o。）例如：

醉里吴音相媚好（hǎo），白发谁家翁媪？

（辛弃疾《清平乐·村居》）

n做韵尾时，舌尖要收到上齿龈并且阻住口腔通道，因为n是舌尖中音、鼻辅音，其成阻部位是舌尖与上齿龈。例如：

不畏浮云遮望眼（yǎn），自缘身在最高层（céng）。

（王安石《登飞来峰》）

ng做韵尾时，舌根要收到软腭且阻住口腔通道，因为它是舌根音、鼻辅音，其成阻部位是舌根与软腭。例如：

庭下如积水空明，水中藻荇交横，盖竹柏影（yǐng）也。

（苏轼《记承天寺夜游》）

四、"枣核形"的发音过程

符合出字、立字、归音要求的吐字过程，应构成一个完整、立体的枣核形状。

"枣核形"以声母、韵头为一端，韵尾为一端，韵腹为核心。见图3.2：

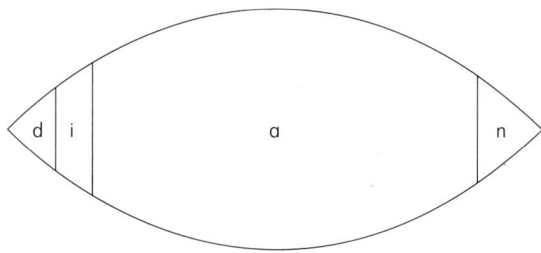

图3.2

　　需注意的是，强调"枣核形"的发音过程并不是将一个字音分解，依次读出它的各个音素，整个音节的发音应是自然行进的整体。

　　"电"（diàn）是头、颈、腹尾俱全的音节，属于标准的"枣核字"，发这种音节比较容易体会和把握"枣核形"。但有些音节，不太容易把握，这里做如下提示：

　　1. 零声母音节，即没有声母的音节。为了形成"枣核形"，可将第一个元音发成半元音，即开始时口腔稍紧些，使出音带少许摩擦。这种使元音部分辅音化的发音方式主要是为了使字音清晰，连读不易产生误解。比如"皮袄"（pí'ǎo）中的ɑ可发成半元音，不然在连读时，就可能被误听为"漂"（piǎo）。

　　2. 开尾音节，即没有韵尾的音节。为使声音集中，也应有归音感觉。在韵腹发音结束时，口腔要随之收小，把音"拢住"。

　　掌握以上方法，即使不是"枣核字"，也同样可以发成"枣核形"。

　　"枣核形"的发音训练是使单个音节的发音符合特殊审美需要的分步训练过程，但作为技巧训练，它最终要为表达思想感情服务。

　　关于"枣核形"发音的练习方法，将在本书的"诗词朗读方法"和课文朗读中进行具体分析。

第四章　学会情感调动

第一节　理解课文是前提

课文朗读不是简单地照字发声，也不是脱离课文另行演绎，而是要通过有声语言传达出课文的主要精神和艺术美感。为了达到这个目的，在朗读前就必须做深入的准备工作，准确地把握课文内容，透彻地理解其内在含义。

首先要清除文字障碍。在朗读课文之前，对作品中的字、词、句、成语典故，要解决其声、韵、调、语流音变等读音问题，然后搞清文中字、词、句的深刻含义，不能囫囵吞枣、望文生义。其次要联系作者的创作背景与写作意图，深入分析、理解作品，准确地概括作品主题，这样才能准确地把握作品主旨，不会断章取义，把作品读得支离破碎，甚至歪曲原作的思想内容。再次要理清全文结构。朗读之前，要对作品进行结构分析，理清作品脉络结构，揣摩词句的内在含义，体味语句之间的逻辑关系。最后要熟悉语言风格，根据文章的语句和词汇特点，确定不同的表现方式，朗读出文章的独特韵味。例如朗读范仲淹的《岳阳楼记》，可以从以下几方面入手：

一是要读准文中一些生僻字词，以避免在朗读时出现"硬伤"。然后要联系背景，明确主题。分析这篇文章时，许多人会直接进入正文而忽略了前言，其实了解了作品写作背景，会对作品中蕴含的思想有更深远的解读，对作品基调有更准确的把握。二是要弄清文章的结构层次。课文先是

说明作记原因，然后是概括岳阳楼全貌，接下来分别描述了岳阳楼在阴雨天气与春和日暖天气下的不同景观，最后总结出"不以物喜，不以己悲"的主题。经过分析，作品的脉络会更加清晰，便于朗读者建立鲜明的形象感受与逻辑感受，在朗读时采用不同语气、语调和其他声音技巧去表现主题。三是要了解本文的句式结构特点。本文句式灵活多变，语势跌宕起伏，朗读时必须注意句式和音韵形式的变化，才能读出语调的起伏和节奏的抑扬顿挫。

第二节　内心感受是基础

朗读的表达方法，是实现朗读目的的重要手段。任何表达方法都是受朗读者心理状态支配的，朗读者应该在理解文字稿件内容的基础上，使自己主动接受刺激，积极产生内心反应，使之融在朗读语言中。

一、形象思维与形象感受

朗读者的形象感受，来源于作品中词语概念对朗读者内心产生刺激而引起的对客观事物的感知、体会、思考，是"感之于外，受之于心"而形成的。

朗读者对作品的感受，首先取决于作品文字的形象性。它是朗读者表达思想感情、给受众以感染的条件，因而朗读者必须以作品为依据，去挖掘、去接受它。朗读者要抓住那些表达事物形象的"实词"，透过文字，"目击其物"，好像真的"看到、听到、嗅到、尝到、伸手摸到"一样，使作品中的情、景、物、人、事、理在内心"活"起来。

1. 视觉感受

朗读者要能从作品的文字中　"看到"其所描写或叙述的具体的人、事、物，感觉画面历历在目。这是一种非直观的视觉形象，也叫"内心视

象"。视觉感受的目的在于透过文字"目击其物"，用视觉来诱发内心更深层次的感受。例如：朗读朱自清的散文《春》，读到"春草"片段时，首先要在内心深处想象"看见"春天的小草偷偷钻出地面的情景。这里既要有近距离仔细观察一棵小草钻出地面的近景，又要有放眼望去园子里、田野里一大片一大片铺满嫩绿小草的远景；朗读"春花"片段时，看到描写春花烂漫的这一段文字，立刻就要在内心形成一幅画面，其中不仅要有红的、白的、粉的颜色，还要有燃烧的火、天边的霞和冬天的雪等情态。要让这幅画面在心中活动起来，并且快速变化，闭上眼还能感觉到满树都是桃儿、杏儿、梨儿的情景。

在朗读课文时，如果读到朗读者不曾见到的事物，也要善于发挥相关联想和再造想象的能力，建立生动的"内心视像"，以加强内心感受，增强有声语言表达的感染力。

2. 听觉感受

文字所描述的声音，刺激朗读者的听觉器官，引起听觉想象。在分析、理解和具体感受作品的过程中，要充分展开听觉想象，切实感受到具体声音的刺激。例如：

鸟儿将巢安在繁花嫩叶当中，高兴起来了，呼朋引伴地卖弄清脆的喉咙，唱出宛转的曲子，与轻风流水应和着。牛背上牧童的短笛，这时候也成天在嘹亮地响。

（朱自清《春》）

读这段文字前，要先感受到鸟儿的喜悦之情，然后在耳边想象鸟儿鸣叫的声音、风轻轻飘过的声音、水缓缓流动的声音以及笛子悠扬的声音。当朗读者内心响起这些美妙的声音，作者的情绪才会在朗读者的情绪和声音中传达出来。

3. 嗅觉感受

作品中关于嗅觉的描写，也对朗读者形成间接刺激。朗读者要主动接受这种刺激，使它形成感受。气味有多种多样，我们要在想象中辨别。在感受作品中嗅觉方面的描写时，呼吸的作用不是消极的，它会帮助我们加

强感受，加强体验。例如：

  风里带来些新翻的泥土的气息，混着青草味儿，还有各种花的香，都在微微润湿的空气里酝酿。

（朱自清《春》）

  朗读这段文字前，要深深吸气，感觉像是真的闻到了春天新翻的泥土气息，尤其是青草的新鲜味道，还有各种甜美的花香。朗读者闻得越真切，体会得越逼真，感觉得越实在，传达出来的朗读效果就越生动。

4. 味觉感受

  味觉感受是指朗读者在阅读描写酸甜苦辣等各种味道的词句时，会产生强烈的味觉刺激，感受到品尝东西时才会有的滋味，从而产生味觉感受。例如：

  "热心肠的同志送给我两瓶。一开瓶子塞儿，就是那么一股甜香；调上半杯一喝，甜香里带着股清气，很有点鲜荔枝的味儿。"

（杨朔《荔枝蜜》）

  这是嗅觉想象和味觉想象给予朗读者的感受。当朗读者读到"一开瓶子塞儿"时，由于生活经验的作用，会情不自禁地抽一下鼻子，深吸一口气，"觉得"一股甜香味扑鼻而来。当然，实际上我们什么也没闻到，只是白纸上几个黑字给我们刺激、感受罢了。

5. 触觉感受

  接触所产生的感觉在日常生活中是经常出现的，比如冷暖、软硬、轻重、疼痛等。作品中同样也会出现这样的文字描绘，朗读者也应透过文字表面，主动接受这种刺激，引起触觉想象，产生相应的感受。例如：

  "吹面不寒杨柳风"，不错的，像母亲的手抚摸着你。

（朱自清《春》）

  句子中"母亲的手抚摸"的感觉，大家都曾感受过，那种充满爱意的轻柔和温暖刺激着朗读者的触觉感官，朗读者不应仅仅把它们看成是白纸上的黑字，而应透过这些表达形象的字词，产生立体、丰富的内心感受。

6. 空间感受

朗读课文时，经常会遇到描述人或物所在的空间位置以及位置转换的文字，这些文字在朗读者眼中，不应该仅仅是个地点或方位，朗读者应该充分体会作者的本意和文字的真意，将眼中所看到的物体的位置和作者所处的位置进行恰如其分的安排，形成准确真实的空间感受，以充分展示文字的内涵。例如陶渊明的诗句"采菊东篱下，悠然见南山"，朗读时要先在近处摆正诗人所在位置——"东篱下"，然后抬眼望过去，看见远处"南山"的位置，并且还得有从"东篱"到"南山"空间上的遥远感。再如：

> 啊，朋友！
>
> 黄河以它英雄的气魄，
>
> 出现在亚洲的原野；
>
> 它表现出我们民族的精神：
>
> 伟大而又坚强！
>
> 这里，
>
> 我们向着黄河，
>
> 唱出我们的赞歌。

（光未然《黄河颂》）

朗诵这段文字，首先要在脑海中浮现出"亚洲的原野"辽阔的画面，然后给黄河以准确的位置界定，接下来转到歌颂者所在的空间位置"高山之巅"，再把目光投向滚滚黄河。在空间想象中，朗读者视野开阔到什么程度，就会对作品描绘的空间认识到什么程度，然后感受到什么程度。只有恰当转换空间位置，才能在朗读者内心形成不断变换的"空间感受"，传达给听众的才是生动、可感的朗读艺术效果。

7. 时间感受

对于时间的知觉与感受在朗读中也是经常出现的。时间想象是一种对客观事物发展运动的延续和顺序的积累，及其在具体语言环境中的新的组合。如果作品中有时间变化的描写，朗读者内心还要经历这一过程，产生时间变化感受。例如余光中的《乡愁》，作者从"小时候"写到"长大

后""后来",最后是"现在",虽然只是短短几个字,但表达的是作者几十年的人生感受,中间有童年的单纯、青年的相思、成年的忧伤和老年的无奈。个人的小情感到家国的大情怀,都在几十年的时间延伸中变化着。朗读时一定要在内心建立起时间变化感,才能读出简单的文字中蕴含的丰富内涵。

8.温度觉感受

所谓朗读的温度觉感受,就是朗读者在遇到表现气温及其变化的词语时,从内心到身体都能体味到温度的不同,并用这种感觉去朗读文字,使得朗读者的声音带出温度的差异。例如:

请闭上眼想:一个老城,有山有水,全在天底下晒着阳光,暖和安适地睡着,只等春风来把它们唤醒,这是不是个理想的境界?

（老舍《济南的冬天》）

这段文字描述济南冬天的温暖,在朗读前要充分感受有山有水的老城,却像个婴孩似的在蓝天下睡着的情形。朗读者的身体要产生虽然是冬天但"暖和安适"的感觉,用很舒服、很轻松的声音传达出济南冬天的"特别"感受。

9.分量感受

所谓的分量感受,就是朗读者在遇到表现人或物重量的语句时,要仔细体察、深入感受,产生不同重量的人或物体作用在身上的分量感。有的很轻,有的很重,有的还有轻重变化,这些词语刺激朗读者的内心,朗读者要形成轻重不同的分量感觉。例如:

到了一处,我蹲下来,背起了母亲,妻子也蹲下来,背起了儿子。我的母亲虽然高大,然而很瘦,自然不算重;儿子虽然很胖,毕竟幼小,自然也轻。但我和妻子都是慢慢地,稳稳地,走得很仔细,好像我背上的同她背上的加起来,就是整个世界。

（莫怀戚《散步》）

在这段文字中,"我"背起母亲,妻子背起了儿子,而作者详细说明"母亲虽然高大,然而很瘦,自然不算重;儿子虽然很胖,毕竟幼小,

自然也轻"，那么母亲的"不算重"与儿子的"轻"要在朗读者内心中产生非常逼真的分量感觉，好像真的背起母亲和儿子一样。尤其是接下来的"慢慢地，稳稳地，走得很仔细"的感觉，与"我背上的同她背上的加起来，就是整个世界"的感觉，要非常真实地在朗读者内心产生沉重的感觉，因为此刻，作者与妻子背着的不仅是两个人，而是"整个世界"。这里不仅要有身体对实际分量的感受，还要有丰富的内心想象与感受。

10.动觉感受

动觉也就是运动觉。朗读者可从作品中描绘运动的文字中感受到同样的运动过程，产生切身的感受。

例如：

坐着，躺着，打两个滚，踢几脚球，赛几趟跑，捉几回迷藏。风轻悄悄的，草绵软软的。

……

……城里乡下，家家户户，老老小小，他们也赶趟儿似的，一个个都出来了。舒活舒活筋骨，抖擞抖擞精神，各做各的一份儿事去。……

……春天像小姑娘，花枝招展的，笑着，走着。

春天像健壮的青年，有铁一般的胳膊和腰脚，领着我们上前去。

（朱自清《春》）

这几段文字中，都有对活动的描述，其中既有实在的对人"打滚、踢球、赛跑，舒活筋骨、抖擞精神"的描述，也有形容春天"笑着、走着、领着我们上前去"的形象描述。读到这些描写动感的文字，朗读者要从内心到肢体都产生运动的感觉，体会到运动的滋味，然后才能生动地传达给听众。

二、逻辑思维与逻辑感受

1.逻辑感受的定义

所谓逻辑感受，就是指在朗读时课文中的概念、判断、推理、论证，以及全篇的思想发展脉络、层次、语句之间的内在联系，在朗读者头脑中

形成的感受。

2. 逻辑感受的建立

逻辑感受主要应体现在两个方面，一是语言目的要明确，不能似是而非；二是语言脉络要清晰，不能模棱两可。语言目的必须抓住语句、篇章的真正含义，挖掘实质。一般说明性或说理性的文章，开头或结尾总结性的语句，往往是全段或全篇文字的目的与重点。语言脉络指的是上下衔接，前后呼应。这里贯通文气、连接层次、起着"鹊桥"作用的序数词、虚词等提示词，是获得逻辑感受的重要途径。例如课文《中国石拱桥》中的一段，就是用序数词给朗读者非常明显的提示：

为什么我国的石拱桥会有这样光辉的成就呢？首先，在于我国劳动人民的勤劳和智慧。他们制作石料的工艺极其精巧，能把石料切成整块大石碑，又能把石块雕刻成各种形象。在建筑技术上有很多创造，在起重吊装方面更有意想不到的办法。如福建漳州的江东桥，修建于八百年前，有的石梁一块就有二百来吨重，究竟是怎样安装上去的，至今还不完全知道。其次，我国石拱桥的设计施工有优良传统，建成的桥，用料省，结构巧，强度高。再其次，我国富有建筑用的各种石料，便于就地取材，这也为修造石桥提供了有利条件。

（茅以升《中国石拱桥》）

这段文字的目的是说明我国的石拱桥有光辉成就的原因，在全段第一句话中便做出了概括与总结。而下面全段话通过"首先、其次、再其次"三个序数词将原因分析得清清楚楚。朗读时，抓住这些提示语和提示词，能快速找到课文的层次，建立起完整清晰的逻辑感受。

在朗读具体的句子时，还要注意词句间的虚词；抓住这些虚词，并理清它们的关系，会收到事半功倍的朗读效果。例如：

中华民族现在所逢的史路，是一段崎岖险阻的道路。在这一段道路上，实在亦有一种奇绝壮绝的景致，使我们经过这段道路的人，感到一种壮美的趣味。但这种壮美的趣味，没有雄健的精神是不能够感觉到的。

（李大钊《艰难的国运与雄健的国民》）

这段话有两层意思：一层是说中华民族现在正逢崎岖险阻，它让奋斗者有机会领略奇绝壮绝的景致，"感到一种壮美的趣味"；另一层是说这种"壮美的趣味"，"没有雄健的精神是不能够感觉到的"。在这里，朗读者要注意其中的"……是……。在……，有……，使……感到……。但……，没有……是不能够……的"这些词汇有很紧密的逻辑关系，读出其中的顺接与转折，才能把句子的主旨点出来，把艰难的国运与雄健的精神联系起来。

语句中间还有一些表明逻辑关系的提示词，抓住这些词语，也能很容易地区分句子的分合关系。例如：

这些石刻狮子，有的母子相抱，有的交头接耳，有的像倾听水声，有的像注视行人，千态万状，惟妙惟肖。

（茅以升《中国石拱桥》）

在这个句子中，第一句话说明了范围，然后通过四个"有的"，分别说明这些石刻狮子的形状，最后又总括说明所有这些石刻狮子都具有"千态万状，惟妙惟肖"的特征。朗读的时候，要有"总、分、总"的整体逻辑感受，将四个"有的"语气贯通，稍后略作停顿，然后再读出整体印象。若是在中间断裂，最后的"千态万状"便无从谈起。

第三节　揭示内涵是根本

朗读时，课文中有一些文字在字面之下还有更深或完全相反的内涵，朗读者要充分理解作者的本意，将课文的"内在语"真正的目的表达出来。

一、找出课文的内在语

所谓内在语，就是指那些在文字中不便表露、不能表露或没有完全显

露出的语句关系和语句本质。

语句关系是语句之间的逻辑关系。首先可通过明确内在语看它们是怎样衔接成一个整体的，搞清楚全篇语句之间、小层次之间、段落层次之间的内在联系，获得或并列，或递进，或因果，或转折，或分合等情况的逻辑感受，从而了解文章上下衔接、前后照应的逻辑关系。接着以内在语的形式把我们理解感受到的逻辑关系表现出来。这样运用内在语的衔接转化作用，可以帮助我们找到自然贴切的语气，形成一气呵成、浑然一体的效果，增强有声语言的活力。

语句本质就是语句的内在含义、感情态度。揭示语句的本质，可以引发贴切的语气，使得有声语言深刻丰富，耐人寻味，对表达起深化含义的作用。内在语的把握表现在两方面，一个是语句本质的差异，一个是语言链条的承接。这里重点分析语句本质的差异。

二、明确内在语的作用

在一般情况下，语言和内在的含义是一致的，但有时是不一致的。语言表面上是这个意思，但思考一下，会发现实际上它是另一个意思，有时甚至相反。如：可用"恳求"的语气来命令，用"命令"的语气来劝告；"你真坏"一句，也可以是"你真好"的意思。在朗读中，如果把内在的意思给弄反了，立场、态度和观点就都变了。

内在语是为朗读目的服务的，没有内在语，有声语言就会失去光彩和生命。要学会在朗读中运用内在语的力量，赋予语言一定的思想、态度和感情色彩。

朗读时，内在语要像一股巨大的潜流，在朗读者的语言底下不断滚动着，赋予有声语言以根据和生命。内在语的潜流越厚，朗读也就越有深度，越有"味儿"。

三、内在语的外在表达

内在语不会在文字中明确地显示出来，它是朗读者的内心意念，使思维与感情处于运动状态，对有声语言的表达起着引发、深化的作用。朗读时一定要努力挖掘文字后面更深刻的含义，把握鲜明的语句关系。

挖掘内在语的方法是仔细通读作品，在语句的衔接处发现起承转合的特点和作者的写作意图，找到作者在文字后面藏着的意思。清晰、准确的含义会激活朗读者的有声语言，使朗读者自然真实地把作品的话变为自己心里要说的话，然后在朗读中把握好态度与感情的分寸，用精准的语气、语调和其他声音方法将作者的真实意图恰如其分地表达出来。如臧克家为纪念鲁迅先生而写的哲理诗《有的人》中，内在语就非常丰富。这首诗不是单纯写对鲁迅先生的怀念，而是通过与鲁迅先生截然相反的"有的人"的对比，批判了那些骑在人民头上的统治者和压迫者，号召人们做真正的、有价值的人。在朗读之前，要深刻理解其中的内在语含义，将爱憎的感情酝酿充沛，让感情引导声音，让声音去体现爱憎，将"呵，我多伟大""把名字刻入石头，想'不朽'"等句中的反讽意味读出来。

第四节　达于听者是目的

一、表达欲望的酝酿

朗读目的是指朗读者"为什么"要朗读这个内容、这个主题思想的作品。因此，在确定朗读目的时，不能脱离作品内容、远离作品主题思想另起炉灶，但也不能把作品的主题思想和朗读目的完全等同起来。

1. 明确朗读目的。朗读目的中，既有作者的写作意图，又有朗读者的愿望；既有对作品的评价意义，又有对现实的指导意义。它既要使作者的态度、感情涌现出来，又要把朗读者的态度、感情表露出来。朗读时，作

者和朗读者的态度、感情有时是重合的。

2. 培养朗读欲望。实现朗读目的的关键在于朗读欲望。因为朗读者不是被动的传声复述，他的思想感情的运用、语气的转换、重音的确定、内在语的滚动，都取决于朗读目的。而朗读欲望，正是具体产生于对朗读内容的理解、分析、感受，特别是对朗读目的的正确认识和深刻体会。只有目的明确，我们的态度、感情才能在声音、语气中"自然"地而不是"自发"地流露出来。因此我们说："鲜明的态度，真实的感情，是朗读中的灵魂。"朗读目的就像一条红线，贯穿于朗读的始终。

例如，史铁生的《秋天的怀念》虽然写的是日常琐事，但蕴含的情感却震撼人心。每个人都会从生活点滴小事中感受过母亲的关爱，也曾因年少无知伤害过母亲的心。作品中描绘的这些情感能深深打动朗读者，令他想起曾经有过的情感体验，并产生强烈的表达欲望，希望唤起听众共鸣，让普天下所有的儿女都能理解母亲的爱心，避免产生"子欲养而亲不待"的遗憾与懊悔。明确了这种朗读目的，增强了朗读愿望，朗读者的鲜明态度、真实感情才能在声音、语气中表露出来。

二、情景再现方法

朗读者以语言内容为依据展开再造想象，使作品中的人物、事件、情节、场面、景物、情绪等在自己的脑海里不断浮现，形成连续的、活动的、画面，并不断引发相应的态度、感情，这个过程就是情景再现。

这种方法是要让朗读者的思想感情运动起来，像是在脑子里"过电影"一样，让平面的文字变成立体的、活动的、有声有色的具体画面，将作者描绘的人物、事件、场景、情感等内容在朗读者眼前生动、形象地再现出来。情景再现的主要方法有以下几种：

1. 捕捉形象感受

朗读者要善于抓住那些表现事物形象的实词，透过文字，目击其物，好像"看到、听到、嗅到、尝到、伸手即可得到"一样，使作品中的情、

景、物、人、事、理在朗读者内心"活"起来，形成"内心视像"。例如陈淼在《桂林山水》中用了许多形象的比喻，描绘漓江水的静、清、绿，桂林山的奇、秀、险，最后以云雾、绿树、红花作衬，构成一幅优美动人的画卷。朗读者要揣摩体味"静、清、绿"和"奇、秀、险"及"舟行碧波上，人在画中游"等重点词句的诗情画意，使这些文字在头脑中变成具有生命力的、跳跃着的各种形象，收到朗读的最佳效果。

2. 再现形象感受

首先是触景生情。这是情景再现的核心，朗读者要反应积极，一触即发，并且以情为主，情景交融。做到有一个具体的"景"的刺激，马上就能触发具体的"情"，又完全符合作品的要求。然后是现身说法。朗读者内心情感积累到一定程度时，就想把自己"亲眼所见，亲耳所闻，亲身经历，亲身所感"的情景再现给听众，使听者产生某种情景的再现，从中受到强烈的感染。

3. 对象感的把握

所谓对象感，就是指朗读者必须设想和感觉到对象的存在和对象的反应，必须从感觉上意识到受众的心理、要求、愿望、情绪等，并由此调动自己的思想感情，使之处于运动状态，从而更好地表情达意，传达作品的精神实质。

朗读者与听者是朗读过程中相互感应的双方，有对象感可以使朗读者的表达亲切自然；朗读者必须同受众进行交流，才能获得共鸣，达到听读双方感情交融。

第五章　掌握表达技巧

朗读是把课文的书面语言转化为有声语言的再创作、再表达的艺术活动。它需要朗读者采用多方面的声音技巧与引人入胜的表达方式，对课文进行艺术性的诠释与演绎。这其中涉及重音、停连、语气、语调和节奏等方面的内容。

第一节　重音的选择与表达

一、重音

课文内容由众多的词语连成一体，这些词语在表露某种思想感情、达到某种语言目的时所起的作用有所不同，有的重要些，有的次要些。那些最重要的甚至是某个音节，需要通过朗读的声音形式显出它的重要性。我们把那些在朗读时需要强调或突出的词语甚至某个音节，叫作重音。

二、重音的选择

重音在语句中没有固定位置，它的确定取决于语句的目的。例如"我去过北京"一句，把重音放在"我"字上，目的是强调去过北京的人是

"我"而不是别人；把重音放在"去过"上，目的是强调"我"去过北京；把重音放在"北京"上，目的是强调"我"去过的地方是北京而不是其他城市。

朗读课文有目的，落实到语句中，语句也有目的，重音就是体现语句目的的重要手段。在朗读时，朗读者要深入理解和感受课文，正确判断作者意图，摸清课文感情脉络，明确语句目的，然后根据语法规律和遣词造句的具体情况，快速、准确地确定重音位置。

一般来说，每个语句至少有一个重音。但重音也不可过多，重音越精，语意越清，重音过多，目的不明。

为了便于确定重音的位置，可将重音分为以下几类：

1. 并列性重音。课文中常有并列关系的语句，体现这种并列关系的最主要的成分便形成并列性重音。并列性重音体现内容中的不同角度、不同方面、不同情况、不同途径，但思想感情的趋向是一致的，没有反方向的运动。

例1：风轻悄悄的，草软绵绵的。

（朱自清《春》）

例2：我国石拱桥的设计有优良传统，建成的桥，用料省，结构巧，强度高。

（茅以升《中国石拱桥》）

例1中的"风"与"草"构成并列关系，例2中"省""巧"与"高"，构成并列关系，都属于并列性重音。一般情况下，只要是并列性语句，大都有并列性重音，它们显示着并列关系中的区别性，在并列性语句中一般处于大体相似的位置。

2. 对比性重音。课文中常有体现对比关系的语句，它们或加强形象，或明确观点，或渲染气氛，或直陈态度，或深化感情。朗读时应准确区分对比的内涵，考察对比的主次，加强对比的感受，确定对比性重音。对比性重音是一种"相反相成"的重音，在内容、文气、感受上是有相反趋向的。

例1：古老的济南，城里那么狭窄，城外又那么宽敞。

（老舍《济南的冬天》）

例2：天上风筝渐渐多了，地上孩子也多了。

（朱自清《春》）

例1中的"城里"和"城外"、"狭窄"与"宽敞"形成对比。例2中的"天上"与"地上"、"风筝"与"孩子"构成对比关系。它们都属于对比性重音。

3. 递进性重音。有不少课文，从内容上看是层层发展的，许多句子的关系是步步递进的。我们将体现递进关系的重音称为递进性重音。

例1：看！——一捶起来就发狠了，忘情了，没命了！

（刘成章《安塞腰鼓》）

例2：竹叶烧了，还有竹枝；竹枝断了，还有竹鞭；竹鞭砍了，还有深埋在地下的竹根。

（袁鹰《井冈翠竹》）

例1中的"发狠""忘情"与"没命"三个词表现黄土高原上的男儿打起腰鼓来的精神状态，是逐渐递进的关系。例2中"竹叶""竹枝""竹鞭""竹根"这四个体现递进关系的关键词语，使语势层层推进，一气呵成。

递进性重音有时表现在一些连词上，如"不但……而且……""还""也"等。

递进性重音具有顺序性、推进性特点，抓住这一点，有利于我们准确地确定重音位置。

4. 转折性重音。有些句、段是曲折行进的，其转折性反映了语言链条的发展具有多向性的特点。突出转折性重音，容易形成千回百转、回肠荡气的朗读效果。例如：

影子告诉他，今夜虽然没有月光，但天上的星星又多又亮。

（金波《盲孩子和他的影子》）

句子中的"月光"与"星星"是转折关系，要特别突出出来。在朗读

时，朗读者应先获得转折感受，然后再确定转折性重音。同时，转折性重音又加强了这种转折性感受。

5. 强调性重音。课文中某些语句是为了区别程度、划清范围，朗读时对这些具有强调色彩的语句要予以突出，我们将这类重音统称为强调性重音。

例1：人家屋顶上全笼着一层薄烟。

（朱自清《春》）

例2：刚起头儿，有的是工夫，有的是希望。

（朱自清《春》）

例1中的"全"字，强调了"薄烟"的范围。例2中的"有的是"三个字，强调了"工夫"的多少、"希望"的大小，这都属于强调性重音。

课文中强调性的词语很多，有的强调时间的长短，有的强调空间的大小，有的强调数量的多少，有的强调程度的强弱，还有的强调感情的浓淡……都有"极而言之"的味道。朗读时，把那些"极而言之"的词语加以突出，便成为强调性重音。类似"谁也""什么都""一点儿也""极""很"等，都属于强调性重音的常用词。

6. 比喻性重音。课文中使用比喻，可以使空泛的内容具体化，抽象的内容形象化。朗读时要突出那些比喻词，使被比喻的事物生动感人。例如：

雨是最寻常的，一下就是三两天。可别恼。看，像牛毛，像花针，像细丝，密密地斜织着，人家屋顶上全笼着一层薄烟。

（朱自清《春》）

这一句中的"牛毛""花针""细丝"，体现了春雨的形态，都属于比喻性重音。

确定比喻性重音时要注意全句应以比喻为主；不以比喻为主的语句，不可因有比喻而忽略重心、喧宾夺主。

7. 肯定性重音。课文中经常用"是""有""在""不是""没有"等表示肯定的判断，不论用哪一个词，在句子中都表示判断的准确无疑，

这些词就是肯定性重音。例如：

这个敏感的精灵，——它从雷声的震怒里，早就听出了困乏。它深信，乌云遮不住太阳，——是的，遮不住的！

（高尔基《海燕》）

这里的"是的"再次肯定海燕信念的坚定，要作为肯定性重音加以强调。

以上是几种常见的重音类型。但需要指明的是，具体到某篇课文中，上述类型的词语不一定都是重音，朗读者应根据课文的主题和语句的目的做出准确判断。

三、重音的表达

确定重音之后，就要把它恰当地表达出来。重音的表达方法多种多样，常见的有以下五种：

1. 弱中加强。即非重音或次重音的音量较弱，重音的音量较强。这是最常用的突出重音的方法。例如：

黄土高原哪，你生养了这些元气淋漓的后生。也只有你，才能承受如此惊心动魄的搏击！

（刘成章《安塞腰鼓》）

该句中"黄土高原"和"你"是需要突出的重音。朗读时，为了突出重音"黄土高原"，可以对它施以较重的音强，而对它后面的"你生养了这些元气淋漓的后生"则施以较弱的音强。而后加强"你"的读音，有了前面较轻的铺垫对比，"你"就显得格外突出。这样，重音就自然地凸显出来了。

2. 低中见高。即非重音用较低的声音表现，而重音用较高的声音表现。例如：

让暴风雨来得更猛烈些吧！

（高尔基《海燕》）

这里"更猛烈"作为重音词组，要表现出坚定昂扬的斗志和迎接胜利的激情，采用陡高的方法可以起到振聋发聩、鼓动人心的作用。

在朗读中，低中见高以突出重音的方法使用很多，它与弱中加强的方法经常结合在一起。

3. 快中显慢。非重音部分语速较快，重音部分语速放缓。例如：

摸索这广大的土地：

这一角已变成灰烬，

那一角只是血和泥……

（戴望舒《我用残损的手掌》）

例句中的重音在朗读基调制约下语流较慢，但重音更慢。单音节的重音主要延长韵腹，如"血"和"泥"的韵腹要延长。双音节的重音根据轻重格式而变，"灰烬"位音节延长韵腹，"和"的音节不再延长。这一段，前两句的并列性重音与后一句的递进性重音比非重音都显得更慢。

4. 实中转虚。即非重音用响亮、实在的实声表现，而重音用声轻气多的虚声表现。但要注意，使用这种方法是出于思想感情和课文意境的需要，否则就会成为对声音的卖弄。例如：

闪闪烁烁的声音从远方飘来，

一团团白丁香朦朦胧胧……

（江河《星星变奏曲》）

例句中，用"飘来"一词说明声音的轻柔，用"朦朦胧胧"形容夜下白丁香的情态，朗读时改用虚声，更符合诗歌情境。

课文中，轻巧的动作、寂静的环境、深沉的情思、内心的感受等，都可以适当运用实中转虚的方法突出重音，但要注意，切不可只注重虚与实的区分而忽略了语流的自如推进。

5. 连中有停。在重音前或重音后安排或长或短的停顿，会使重音的分量加重，给人留下更深的印象。例如：

那里，永恒的中国！

（戴望舒《我用残损的手掌》）

这句诗里"中国"是需要突出的重音，朗读时可在它们前面"永恒的"一词后面安排停顿，然后突出强调主旨词"中国"。运用连中有停法突出重音，一般也同时把重音加重些，或提高些，或延长些。

以上所述五种方法是互相联系的，在朗读中很少单用，而且由此还会派生出其他方法，如与这五种相对应的强中变弱、高中见低、慢中加快、虚中转实、停中有连等。总之，凡是在对比变化中都能够突出重音，朗读时可以根据情况灵活运用。例如《桂林山水》中的六个句子：

漓江的水真静啊……漓江的水真清啊……漓江的水真绿啊……桂林的山真奇啊……桂林的山真秀啊……桂林的山真险啊……

突出上例中的重音时，可以把"静"由高变低，把"清"由实变虚，把"绿"由轻变重，把"奇"由低变高，把"秀"由轻变重，把"险"由实变虚。当然，朗读者也可根据自己的声音特点，将几种方式综合使用。例如"静"字还可以在变低的同时由快变慢或由实变虚；"奇"字变高的同时再配合由慢转快……总之，重音的表达应不拘一格、富于变化，这样才会使声音形式丰富多彩、自然畅达。

另外，朗读时还要注意处理好重音与非重音、主次重音之间的关系。由非重音到次重音再到重音，应注意衔接与过渡。犹如红花需绿叶扶持，蓝天要白云点缀，朗读时如果孤立地表达重音而忽略了次重音，就会使重音的突出显得过于生硬，而非重音也显得过于暗淡。

第二节　停连的位置与方法

一、停连的定义

停连指的是朗读语流中声音的停歇和延续。朗读时，在层次之间、段落之间、语句之间、词组之间甚至词之间，都可能出现声音的中断或延续。声音中断处便是"停"，而声音延续处就是"连"。朗读中无论停或

连，都是思想感情发展变化的要求，而不是任意的。

停连的产生有两种原因。一是生理需要。从朗读者的角度来说，人的肺活量有限，不可能一口气把一篇课文读完，需要及时换气、补气。换气与补气时，声音不能停歇，补气之后又可以连续朗读，这就是连接。从听者的角度来说，人的耳鼓接受长久刺激会产生抑制反应，所以也需要声音的间断。二是心理需要。何处停连由课文内容、思想感情或表达目的所决定。如果在不该停的地方停或在不该连的地方连，将会使内容或情感的表达发生变化。

二、停连的基本原则

1. 要以课文的思想内容为依据，以感情的运动状态为前提。生理需要应服从心理需要，不可因停断情，因连害意。

2. 课文中的标点符号是朗读者进行停连安排的重要参考，但不能因此而捆住手脚。有时由于特殊需要，无标点的地方却需要停顿，而有标点的地方却需要连接。

3. 句子越长，停顿越多；句子越短，停顿越少。感情凝重、深沉时，停顿较多；感情欢快、急切时，连接较紧。

4. 停连是朗读的重要支柱，它不可能单独地起作用，必须同重音、语气、节奏一起共同完成朗读的再创作。

三、停连的位置

为了便于确定停连的位置，将停连分为以下几类：

1. 区分性停连

区分性停连是对词语进行再次组合、贯通的技巧。课文中的文字虽然已经安排妥帖，但是为了看，看不懂还可以再看。朗读是为了听，一定要停连恰当才能让人听得懂。自己理解了，因为停连安排不当，听者也许

会理解成别的意思。即使是朗读自己所写的内容，读出来也不一定使听者完全明白，这里就有一个区分性停连的问题。例如：

例1：我看见/他笑了。

例2：我看见他/笑了。

上例中，不同的停顿位置，表示不同的意思。例1的意思是"他笑了，我看见了"；例2的意思是"看见他，我笑了"。

区分性停连对于感情色彩的突出也有明显的作用，即：在完全可以听懂的情况下，也要运用它，使思想更明晰，感情更鲜明。例如：

东风/来了，春天的脚步/近了。

（朱自清《春》）

这句话如果不安排停顿，也能听懂。不少人也是不设停顿连起来读的。但是，如果在"东风"和"脚步"后稍微停顿一下，词、词组之间的关系就更分明了，语意也更清晰了。

2. 呼应性停连

写作很讲究呼应，朗读也是如此。朗读中运用呼应性停连，必须解决哪个词是呼，哪个词是应，以及二者如何呼应等问题。"呼"和"应"是一种内在联系的表现，有呼无应或有应无呼都显得不够完整。例如：

经验告诉我们：天空的薄云，往往是天气晴朗的象征；那些低而厚密的云层，常常是阴雨风雪的预兆。

（朱泳燚《看云识天气》）

这里，"经验"是呼，"象征"与"预兆"是应。"我们"后要有稍长的停顿，分号之后也可以停顿，但时间不能超过"我们"之后的停顿。再如：

总之，我们要拿来。我们要/或使用，或存放，或毁灭。

（鲁迅《拿来主义》）

这里要在"我们要"后面略作停顿，使后面的三个动作"或使用，或存放，或毁灭"全部在"我们要"的统领之下。这样一呼三应，使语句内部各词、词组的关系明晰、确定、严谨、贯通。

3. 并列性停连

并列性停连，是指在课文里属于同等位置、同等关系、同等样式的词语之间的停顿及各成分内部的连接。它们之间的并列关系，决定它们的停顿应该同位置、同时间。而它们各自内部的连接较紧，有时有些小停顿，时间也不可长。例如：

出门/走好路，出口/说好话，出手/做好事。

这是一个排比句，在每句主语"出门、出口、出手"后面稍作停顿，能够突出语意，加强气势。再如：

白荷花在这些大圆盘之间冒出来。有的/才展开两三片花瓣儿。有的/花瓣儿全展开了，露出嫩黄色的小莲蓬。有的/还是花骨朵儿，看起来饱胀得马上要破裂似的。

（叶圣陶《荷花》）

第二个"有的"很容易与"花瓣儿"连接，意思就变了，与原意不符，也破坏了并列关系。这样，从并列关系的同位置、同时间停顿中，文中省略的"白荷花"也就显露出来了。

4. 分合性停连

在并列关系之前往往有领属性的词语，在并列关系之后往往有总括性的词语。在领属性词语之后或总括性词语之前，要有较长时间的停顿，比并列关系之间的停顿要长。这样就形成了合—分—合的分合关系。例如：

这些石刻狮子，/有的母子相抱，有的交头接耳，有的像倾听水声，/千态万状，惟妙惟肖。

（茅以升《中国石拱桥》）

"这些石刻狮子"是领属性的句子，其后要有较长的停顿。三个"有的……"是分开并列描述的句子，之间可以停顿但时间较短。"千态万状，惟妙惟肖"是总括性词语，两个词语之间不必停顿，但在它们之前要有较长的停顿。这样整段话的分合关系清晰可辨、错落有致。如果每个逗号的停顿时间完全一样，不仅呆板单调，还容易使每句话都带上并

列色彩。

5. 强调性停连

为了强调某个句子、词组或词，可在前边或后边甚至前后同时进行停顿，使所强调的词句突现出来，其他不作强调的词句中，有停顿也相对缩短一些时间，这就是强调性停连。例如：

我对松树怀有敬意的更重要的原因却是他那种/自我牺牲的精神。

（陶铸《松树的风格》）

根据语意应该强调"自我牺牲"，为了达到这一目的，可在它的前面设计一个停顿，这样就会获得较好的表达效果。

6. 回味性停连

在朗读过程中，有时读完一个词、词组或句子，要给听者以想象、回味的时间。因此，要在那些需要展开想象和深入回味的词句后面进行必要的停顿。例如：

耳畔是一声渺远的鸡啼。

（刘成章《安塞腰鼓》）

朗读时，为了给听者想象和回味的时间，在"耳畔"后应稍微顿一下，在"渺远"后再作一较长时间的顿歇，然后稍微提升语调，自然平缓地读出"鸡啼"结束。其中第一个顿歇，是为提起听者的注意；第二个顿歇，是把听者带入意境；而提升"鸡啼"两字，是把听者从遐想中领回现实。

四、停连的处理

确定了停顿位置后，停顿之前如何停？停顿之后如何连？可从不同角度分别作出不同处理。停连的位置和停连的时间不宜设置固定的程式，而应该从课文的内容、脉络以及聆听者的心理去寻找依据。停连的基础性、一般性的处理方法有以下两类：

1. 完成句

一句话、一段话、一篇课文朗读结束了，要给人以结束感。完成句结束时，声音要收住，然后有平稳的长停顿。主要把握三点：一是要声停气尽。话将说完时，气也将用完；话语声音停止，气息也呼出完毕。下句另说一个意思，此句不必留气息。二是要呈现落势。收音音节要有下落的语势，有时停前的整个词组都要下落。这犹如落脚踏地，形成稳定的停顿。不能话已说完，声音还在延续，好像立即要接着说什么。三是要彻底收住。无论采用哪种收法，都要收彻底，不要失去控制。

（1）急收。例如：

在这浅紫色的光辉和浅紫色的芳香中，我不觉加快了脚步。

（宗璞《紫藤萝瀑布》）

"脚步"要收得坚实、迅速，"步"字要声实音短，不可拖长。

（2）缓收。例如：

我家的后面有一个很大的园，相传叫作百草园。

（鲁迅《从百草园到三味书屋》）

"百草园"要收得舒缓、松弛，"园"字要慢吐字、慢归音。

（3）强收。例如：

我们不怕死，我们有牺牲的精神，我们随时像李先生一样，前脚跨出大门，后脚就不准备再跨进大门！

（闻一多《最后一次讲演》）

"大门"要收得坚定、果断，既不能急促，也不能舒缓。唇舌要有力，音量要放大，给人以大无畏的豪壮感。

（4）弱收。例如：

我排队等候，又仰卧小船里，出了洞。

（叶圣陶《记金华的双龙洞》）

"出了洞"不能强，不能急，也没必要缓，声音弱些，平稳收住，既显得安适，又有动作感。

以上主要针对全篇结束的完成句而言。由于上下句、上下段之间的停

顿并非全篇的结束，停前虽然也有一句、一段结束的感觉，但在收的分寸上要适当控制，让形象感受和逻辑感受不中断，强弱、急缓的程度也不要像结尾那样收得突出、明显，以便保持朗读的行进感和连续感。而停后的衔接，要起得恰当，一句、一段的起始，也是可强可弱、可急可缓，不必有固定的格式。

2. 未完成句

一句话还没有说完时所出现的停顿和连接，常用以下几种方法处理：

（1）停前扬收。指停前的音节、词或词组有一种上行的趋势，这样能表现"未完成"的情形，以形成行进感或推进感。例如：

> 望／长城内外，惟余莽莽；
>
> 大河上下，顿失滔滔；
>
> 山舞银蛇，原驰蜡象，欲与天公试比高。
>
> ……………
>
> 惜／秦皇汉武，略输文采；
>
> 唐宗宋祖，稍逊风骚。
>
> 一代天骄，成吉思汗，只识弯弓射大雕。
>
> （毛泽东《沁园春·雪》）

词中有两个典型例句。第一句"望"字统领下文，直至"欲与天公试比高"。因此"望"字后要适当停顿，顿后扬收，以开启后面的内容，带领听众观看一幅生动的北国雪景图：长城、黄河、山脉、高原……第二句"惜"停顿后也要上扬，以开启后面的七个句子，展开对历代英雄人物的评论。

（2）停前徐收。是指将停前的音节稍稍拖长，有一种声断气连之感。例如：

> 路上春色正好／，天上太阳正晴。
>
> （流沙河《理想》）

其中的"好"字要缓缓收起，给下一句留出空间，在听觉上引起对后面词语内容的期待。如果收得太急且停顿前用下行句式，形成收尾结束的

感觉，就会让结尾句无从下手。

（3）停后缓起。是指用较低的声音，让停后开头的音节从容发声，缓缓出口。缓起时，不但要把停前的"收"稳稳托住，而且要推动后面的词语。停后缓起不能失去与停前词语的承继性，不要把停顿变成语意中断的空白。例如：

海/睡熟了。

（鲁彦《听潮》）

朗读上句时，在"海"字后缓缓停下，用较低的声音收住，然后再读"睡熟了"，要低声缓起，速度平稳，以表现大海的沉静与安谧。

（4）停后紧连。是指停顿前后迅速衔接，甚至不换气，不偷气。例如：

风！你咆哮吧！咆哮吧！尽力地咆哮吧！

（郭沫若《屈原》）

这几句对风的呼喊，流露了屈原对风的急切渴盼！朗读时要把握急切、渴望之情，要低声缓起，慢慢提高音量，然后奔突而上，三个"咆哮"紧密相连，逐渐提升语调，到"尽力地咆哮"时达到最高点。

第三节　语气的酝酿与调整

一、语气

1. 语气的定义

"语"是通过声音表现出来的语句，"气"是朗读时支撑有声语言的气息状态，语气即指具有声音和气息合成形式的语句流露出来的气韵。运用于朗读，语气包含两个方面的内容：既有内在的思想感情的色彩和分量（也称"神"），又有外在的快慢、高低、强弱、虚实的声音形式（又称"形"）。语气就是朗读中"话语"的"神"与"形"的结合体。

2. 语气的产生和把握

由于全篇课文和整个思想感情运动状态的要求，各个语句的本质不同，语言环境不同，每一个语句必然呈现出具体的感情色彩和分量，并表现为千差万别的声音形式。因此，在语气的产生和把握方面，要注意以下两点：

（1）语气来源于具体的思想感情

语气受感情的支配，要使朗读富有语气色彩，朗读者必须首先引发出与课文相应的真实感情。失去了具体思想感情的依托，语气就会生硬、做作。

（2）语气以具体语句为范围

把握语气不能以字词为单位，要紧紧抓住语句这个单位，才能在运用语气技巧时，既避免纠缠于细枝末节，又防止空洞笼统。

"见字生情"的语气泛滥现象往往是因为朗读者以字词为单位把握语气。以字词为单位，就不易看到整句话思想感情的核心，而只满足于表达字词的个别色彩；"苍白单调"的现象则可能是因为朗读者以层次、全篇为单位把握语气。将语气的存在单位无限扩大，容易失去每一句的个性色彩而通篇一律。这两种情况是中学生朗读时容易出现的问题。

3. 语气的运用

朗读时，朗读者的感情、气息、声音状态，同表达有着极为密切的关系。有什么样的感情，就产生什么样的气息；有什么样的气息，就有什么样的声音状态。语气运用的一般规律如下：

（1）爱的感情——气慢声柔。例如：

> 我来了，我走得很轻，而且温声细语地
>
> 我的爱心像丝缕那样把天地织在一起
>
> 我呼唤每一个孩子的乳名又甜又准
>
> 我来了，雷电不喧嚷，风也不拥挤

（郑愁予《雨说》）

诗中的"很轻""温声细语"要读得很轻，很柔；呼唤孩子的乳名时

"又甜又准"要充满爱意；即使读"雷电"和"风"，也要把"不喧嚷"和"不拥挤"读得格外柔和，充满柔情爱意。

（2）憎的感情——气足声硬。例如：

滚开，你这讨厌的小虫子，别打扰我睡觉！

（《蚊子和狮子》）

气足声硬的语气色彩会形成挤压感。

（3）喜的感情——气满声高。例如：

盼望着，盼望着，东风来了，春天的脚步近了。

（朱自清《春》）

这句话中的两个"盼望着"语调逐渐由低到高，到"东风来了"内心充满喜悦，气息要饱满，音量提高，语调向上拉升，语气色彩会形成跳跃感与兴奋感。

（4）悲的感情——气沉声缓。例如：

摸索这广大的土地：

这一角已变成灰烬，

那一角只是血和泥……

（戴望舒《我用残损的手掌》）

气沉声缓的语气色彩会形成迟滞感和沉痛感。

（5）急的感情——气短声促。例如：

天要下雨了，我们快些走吧！

（金波《盲孩子和他的影子》）

气短声促的语气色彩会形成紧张感和急迫感。

（6）冷的感情——气少声平。例如：

赫耳墨斯看见自己的雕像，心想他身为神使，又是商人的庇护神，人们对他会更尊重些，于是问道："这个值多少钱？"雕像者回答说："假如你买了那两个，这个算饶头，白送。"

这段话中，雕像者回答的话语要读得平静淡漠，可以用很少的气息和平和、无曲折的语调读出其中的平静与冷漠感。

（7）怒的感情——气粗声重。例如：

今天，这里有没有特务？你站出来！是好汉的站出来！你出来讲！凭什么要杀死李先生？

（闻一多《最后一次讲演》）

气粗声重的语气色彩会形成震动感和爆发感。

（8）疑的感情——气细声黏。例如：

"这是怎么一回事呢？"皇帝心里想，"我什么也没有看见！这可骇人听闻了。难道我是一个愚蠢的人吗？难道我不够资格当皇帝吗？这可是最可怕的事情。"

（安徒生《皇帝的新装》）

在这句话中，"这是怎么一回事呢？"与"难道我是一个愚蠢的人吗？难道我不够资格当皇帝吗？"三句话都是怀疑的语气，气细声黏的语气色彩会形成踟蹰感和犹疑感。

人的感情复杂多样，有时既惊又喜，有时悲愤交加。朗读实践告诉我们：有了感情上的千变万化，才有气息上的千姿百态，也才有声音上的姹紫嫣红。当然，感情的引发不是随心所欲的，要受朗读目的和语言环境的制约。

第四节　语调的起伏与变化

一、语调的定义

语调是语气外在的快慢、高低、长短、强弱、虚实等各种声音形式的总和。朗读时，只有感情和语气千变万化，语调才会丰富多彩。

语调不是字调，也不是声调，不能把它固定在上扬、下降、平直的框框里。比如语气词"啊"，从声调来看，属阴平调，调值是55度，调势平且直。从字义上讲，只表示惊疑或赞叹。但从思想感情的变化状态来看，"啊"表示的意义却是多种多样的。它可以表示犹疑、坚定、悲哀、兴

奋、轻松、沉重、淡漠、热情、向往、失望、愤恨等。因此，如果硬要规定课文中的某种语句必须用某类语调朗读，势必会千人一腔。

二、语调的传达

朗读实践证明，曲折性是语调的根本特征。曲折性表现在有声语言中，就是语句的行进趋向和态势，也叫"语势"。朗读时，正确把握住语势，就能跳出框框，得心应"口"。例如：

天冷极了，下着雪，又快黑了。

（安徒生《卖火柴的小女孩》）

这是一般陈述句，但朗读时它的语调绝不是平直的。

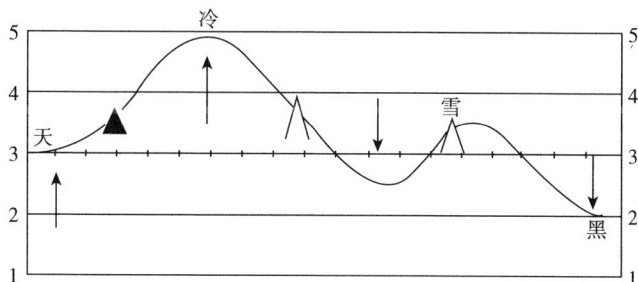

起始"天"字为中3度，"天"字读后稍微一顿挫，给全句主要重音"冷"带来一股寒气，同时达到全句最高点。稍停后下滑，"雪"字稍高于"天"字半度，"黑"又下降，落为全句最低点2度收尾。这样处理，就会使全句错落有致，参差有别，使语境"冷"的气氛，自然地表露出来。如果按陈述句"平直调"处理，会显得呆板失色。

三、常见语调类型

1. 上山式。指的是朗读时语势从低到高，像登山爬高那样不断上升。例如：

例1：只有那辽远的一角依然完整，／温暖，明朗，坚固而蓬勃生春。

（戴望舒《我用残损的手掌》）

例2：风，你咆哮吧！咆哮吧！尽力地咆哮吧！

（郭沫若《屈原》）

朗读例1时，"温暖""明朗""坚固"三个词的音量、音强逐渐升高，至"蓬勃生春"到达最高点，形成一个不断攀高的语言形式，语调上便呈现"上山"式样。朗读例2时，三个"咆哮"一个比一个高，到"尽力地咆哮"达到最高点。这样像爬坡登山一样逐渐抬升的语调形式，可以形成不断冲击、一浪高过一浪的声音效果。

2. 下山式。指的是朗读时语势从高到低，像下山那样不断下降。例如：

我来了，我走得很轻，而且温声细语地……

（郑愁予《雨说》）

朗读这句诗时，"我来了"可以在平调上，"我走得很轻"就得逐渐降低，读到"温声细语"时，还要更低，到几乎让人侧耳倾听的地步，音量、音强逐渐降低，在整句诗的语调上便呈现逐渐"下山"的形式。

3. 波峰式。指的是朗读时语势从低到高，再从高到低，像浪花冲向高潮然后再降落下来。例如：

例1：因为我对这土地爱得深沉……

（艾青《我爱这土地》）

例2：……你的富饶，你的荣光，你的自由……

（舒婷《祖国啊，我亲爱的祖国》）

朗读例1这句诗，"因为"一词可用平调，从"我对这"逐渐升高，到"土地"达到最高点，但是到"深沉"一词，因为要表达内心情感的深重厚实，可用逐渐降低的语调来读。例2这句诗从字面上理解，"富饶"指的是物质上的丰富，"荣光"指的是精神上的荣耀，朗读时应该让语调逐渐升高，而到"自由"一词，虽然也是精神世界的追求，但从内涵上讲，它是"荣光"之后更深层次的要求，而且"自由"一词的意境也更深远、开

阔，采用降低语调、放慢语速的读法能够给人更多的沉思与回味，因此采用波峰式语调更为恰当。

4. 波谷式。指的是朗读时语势从高到低，再从低到高，像水流降到最低点然后再冲向高潮。例如：

耳畔是一声渺远的鸡啼。

（刘成章《安塞腰鼓》）

朗读这句时，"耳畔"可以采用平调，读"一声"时要逐渐下降，到"渺远"时语调到达最低点，给人遥远、空旷的感觉，但是读到"鸡啼"一词，需要回到开头的原调上，以将听众拉回现实。

5. 交错式。指的是为避免语调平淡僵直，将以上几种语调形式交错运用。例如：

愈捶愈烈！痛苦和欢乐，生活和梦幻，摆脱和追求，都在这舞姿和鼓点中，交织！旋转！凝聚！奔突！辐射！翻飞！升华！人，成了茫茫一片；声，成了茫茫一片……

（刘成章《安塞腰鼓》）

在朗读这段话时，"痛苦和欢乐""生活和梦幻""摆脱和追求"三个并列词组，既可以逐渐升高，也可以逐渐下降，还可以在中间升降，只要是语调有所变化，都可以形成起伏错落感。后面的"交织！旋转！凝聚！奔突！辐射！翻飞！升华"一组词，也可以采用上述方法，只是要注意，不能用"升一句，降一句"的机械形式，否则会形成套路，给人以呆板僵硬的印象。

第五节　节奏的把握与控制

一、节奏的定义

节奏是指在朗读中，由课文内容蕴含着的，朗读者内心情感的波澜起伏所形成的抑扬顿挫、轻重缓急的声音形式的回环往复。

二、节奏的类型

节奏因课文和朗读者思想感情的运动状态不同而呈现不同的回环往复。它的特点必须由课文的整体表现出来，在表现过程中，又必须把握局部的变化。

在节奏的把握上，应注意两点：一是"多数性"，即在全篇课文中，主要语句是怎样的语势。主要语句在语流中形成多数相似语势的原型，造成回环往复，节奏因之得到具体显露。二是"转换性"，就是句与句、段与段、层与层之间是怎样承续的，由上文是怎样转换到下文的，这种转换造成了回环往复，节奏因之得到整体显露。根据节奏的基本特点和基本表现形式，节奏可大致分为六种类型。

1. 高亢型

语气高昂，音色明亮，语势不断上扬，语速偏快，势不可当。重点处的语气语调都带有高亢、昂扬、爽朗、向上的特点。例如：

> 啊，朋友！
>
> 黄河以它英雄的气魄，
>
> 出现在亚洲的原野；
>
> 它表现出我们民族的精神：
>
> 伟大而又坚强！
>
> 这里，
>
> 我们向着黄河，
>
> 唱出我们的赞歌。

（光未然《黄河颂》）

在这段朗读词中，诗人作为时代的歌手出现，他站在高山之巅，代表祖国英勇的儿女，向着黄河唱出了颂歌，歌颂黄河气势宏伟，源远流长，歌颂我们伟大坚强的民族，以激发广大中华儿女的自豪感与自信心，以英勇的气概和坚强的决心保卫黄河、保卫中国！朗读时必须用高亢型节奏才能读出歌词激昂、豪迈、一泻千里的恢弘气势，激发听者壮怀激烈、热血

沸腾的情感。

2. 紧张型

多扬少抑、多重少轻，气促音短，语速较快。基本语气及其转换较为急促、紧张，重点句、段更为突出。

如高尔基的《海燕》就是典型的紧张型节奏。在朗读时要把握好课文紧张、激越的节奏：可以通过音量的变化、语速的加快、语气的调整使气势达到高潮。从开始"在苍茫的大海上，狂风卷集着乌云"到"乌云越来越暗，越来越低"逐渐推进，到结尾"让暴风雨来得更猛烈些吧！……"达到最高潮，形成震撼人心的艺术效果！

3. 轻快型

语调多扬少抑，力度多轻少重，顿挫较少且时间短暂，语速较快，语言流畅，轻巧明丽，有欢快跳跃感。例如：

> 雨说，我是到大地上来亲近你们的
>
> 我是四月的客人带来春的洗礼
>
> 为什么不扬起你的脸让我亲一亲
>
> 为什么不跟着我走，踩着我脚步的拍子？
>
> （郑愁予《雨说》）

这首诗写于20世纪70年代末，正值"文革"结束不久，中国大地如雨后春笋般显现生机。作者运用拟人的修辞手法，表达大地对春雨到来的期盼，表现春雨对大地的关爱和对孩子的美好祝福。这不仅是对生活在中国大地上的儿童的祝愿，也是对中国美好未来的祝愿。全诗洋溢着祈盼、欢快、喜悦、祝愿的气氛，充满爱与希望。因此朗读时要采用轻快型节奏，读出诗歌的轻快、欢乐。

4. 舒缓型

语调多扬少抑，声音清朗而柔和，气息长缓、语音连贯，基本语气及其转换较为舒展，重点句、段更为明显。例如：

> 撑着油纸伞，
>
> 独自彷徨在悠长，悠长

又寂寥的雨巷，

我希望逢着

一个丁香一样的

结着愁怨的姑娘。

（戴望舒《雨巷》）

这首诗写于1927年夏天。当时全国处于白色恐怖之中，戴望舒因曾参加进步活动而不得不避居于松江的友人家中，在孤寂中咀嚼着大革命失败后的幻灭与痛苦，诗中充满了迷惘的情绪和朦胧的希望，交织着失望和希望、幻灭和追求的双重情调。该诗采用了象征性的抒情手法，诗中那狭窄阴沉的雨巷，在雨巷中徘徊的独行者，以及那个像丁香一样结着愁怨的姑娘，共同构成了朦胧而又幽深的意境。《雨巷》一诗运用了复沓、叠句、重唱等手法，段落中反复出现句子"撑着油纸伞"，又重复出现"悠长"一词，这样，由诗的情感、意境和句式的特征，共同构成了该诗回环往复的舒缓型节奏。

5. 凝重型

语势较平稳，语调多抑少扬，顿挫较多，音强而有力。基本语气及其转换都显得凝重，重点句、段更为突出。例如：

为什么我的眼里常含泪水？

因为我对这土地爱得深沉……

（艾青《我爱这土地》）

艾青的《我爱这土地》表达对灾难中的祖国深沉的爱恋，内容厚重朴实，情感浓烈真挚，语言凝练有力，用凝重型节奏才能读出其中蕴含的浓重深沉的韵味。

6. 低沉型

语势下降，句尾落点多显沉重，音节较长、语速较缓，声音偏暗偏沉。基本语气及其转换，都带有沉缓的感觉，重点句、段更为明显。如李瑛的《一月的哀思》，诗歌再现了首都百万人民在十里长街迎候和哭送周总理灵车的场景。诗作中反复出现"车队像一条河，缓缓地流在深冬的风

里……"，饱含着人民对周恩来总理去世的伤痛和深深怀念之情。只有用哀婉低回、回环往复的节奏，才可有力地渲染悲伤、哀痛的情绪氛围，读出震撼人心的效果。

需要注意的是，每一种节奏类型都是对课文的全局性概括，并不是每一句话都符合这一类型。朗读实践证明，善于从具体课文、具体层次、具体思想感情中确定节奏类型，但又不拘泥于某种类型之中，根据需要合理转换，才是真正把握了节奏。

7. 综合型

有些课文的内容很复杂，蕴含的情感变化较为多样，朗读时的节奏是以上几种类型的综合。例如《祖国啊，我亲爱的祖国》这首诗，内容上先抑后扬，呈现出一种由舒缓到急促、由低沉到高亢的复合型节奏。第一节要读得低沉悲伤，仿佛是一首以低音缓起的乐曲，第二节诗句简短急促，把忧国的情绪强化为深深的悲怆，节奏变为凝重。第三节诗句拉长，节拍增多，为第四节把全诗推向巅峰创造了条件。第四节语句相连，节奏加快，把全诗的感情推向高亢与激昂的顶点。

三、节奏的转换方法

1. 欲扬先抑，欲抑先扬

声音的高低变化，形成峰谷相间的起伏关系。"欲扬先抑，欲抑先扬"是指如果将主要部分上扬，那么对次要部分就要适当抑制；相反，如果重点部分用压抑的声音形式表现，那么非重点部分就要用上扬的声音形式表现。例如：

①她又擦了一根。②火柴燃起来了，发出亮光来了。③亮光落在墙上，那儿忽然变得像薄纱那么透明，她可以一直看到屋里。④桌上铺着雪白的台布，摆着精致的盘子和碗，肚子里填满了苹果和梅子的烤鹅正冒着香气。⑤更妙的是这只鹅从盘子里跳下来，背上插着刀和叉，蹒跚地在地板上走着，一直向这个穷苦的小女孩儿走来。⑥这时候，火柴灭了，她面

前只有一堵又厚又冷的墙。

（安徒生《卖火柴的小女孩》）

《卖火柴的小女孩》属于低沉型节奏，全篇以抑为主。为了突出幻境与现实的强烈反差，课文采取了夸张幻境的手法：烤鹅从盘子里跳下，向小女孩走来，几乎伸手可取了。在节奏的运用上，为了造成这种反差，可以由扬转抑，即欲抑先扬。从第二句开始逐渐上扬，第五句更扬，第六句突然转抑，进入低沉型节奏的典型句子，形成又一个回环。

2. 欲快先慢，欲慢先快

快慢问题，在比较中表现为语节中词的相对疏密程度，语节中词疏则慢，词密就快。同样，少停紧接就快，多停缓接就慢。

在朗读中，有时抑扬变化不太大，而快慢变化较为显著，甚至以快慢变化为主。这时，快慢的回环往复就是节奏转换的主要方式。例如：

①果然，过了一会儿，那里出现了太阳的小半边脸，②红是红得很，却没有亮光。③这太阳像负着什么重担似的，慢慢儿，一纵一纵地，使劲向上升。④到了最后，它终于冲破了云霞，完全跳出了海面，⑤那颜色真红得可爱。⑥一刹那间，这深红的圆东西发出夺目的亮光，⑦射得人眼睛发痛。它旁边的云也突然有了光彩。

（巴金《海上日出》）

这段文字描写细腻而生动，主要是从时快时慢的运动中来体现的。这篇课文的节奏属轻快型。①是渐动，比上文稍快；②要慢，有暗红无光的感受；③更慢，有负重感；④要快，有跳动感；⑤转慢；⑥转快，有"一刹那"的感受；⑦要稍慢，有光线强而漫开的感受。

本段中，①④⑥是典型语句，为了使④⑥明显地轻快起来，就要注意在具体感受中使②③⑤慢一些。这就是一种欲快先慢的方法。

欲慢先快的方法比欲快先慢的方法更为常见，因为一般重点词句都要比次要词句读得慢些，重点层次和段落也往往较慢。

3. 欲重先轻，欲轻先重

轻重变化，也包含了虚实变化。轻重虚实互转，能够形成轻重相间、

虚实相衬的回环往复，造成节奏感。例如：

①他们的神情沉稳而安静。②紧贴在他们身体一侧的腰鼓，呆呆地，似乎从来不曾响过。

③但是：看！——

④一捶起来就发狠了，⑤忘情了，⑥没命了！……

（刘成章《安塞腰鼓》）

《安塞腰鼓》是一篇以紧张型节奏为主的课文。第一句描述陕北后生安静时的神态，采用平稳的节奏；第二句描述腰鼓安静的状态，比人更加平静；从第三句开始转折，变换节奏；第四、第五、第六三句逐渐加快语速，加重语气，拉升语调，语势上行，节奏越来越紧张。这样先松后紧，先慢后快，先抑后扬，形成回环往复的紧张型节奏，转换显得丰满而不单一。

以上是几种常用的节奏转换方法，朗读时可根据课文的具体情况灵活使用，以增强有声语言的节奏感和表现力。

第六章　不同文体的朗读方法

第一节　诗词朗读方法

诗词朗读，就是朗读者用饱满的感情与动听的声音，把原诗词作品向听者表达出来，以传达诗词的思想内容，引起听者的共鸣。在初中语文教材中，诗词占很大比重，人教版、语文版、苏教版等版本的教材中，古诗词课内外阅读篇目大约有60～90篇，加上现代诗歌与歌词15～20篇，是教材所有文体中数量最多的一类。掌握诗词的朗读技巧，对于朗读好记叙文、戏剧台词、演讲词以及文言文，都有很大帮助。

一、古诗词朗读

古诗词从语言上看内容凝练，语意丰富；从形式上看分行排列，富有韵律；从写作手法上看思维跳跃，意境深远。朗读时要根据古诗词特点，重点强调韵味和节奏。

1. 用吐字归音方法，读出诗词的韵味

特别讲究韵律感和音乐感，在朗读过程中必须放缓语速，将吐字归音方法运用到每个字词中，尤其是要读好最能体现古诗词对仗与工整特点的韵脚，才能将诗歌中的深意与韵味表达出来。朗读时绝不能像小学生背书似的仓促、快速地见字出声，而要在每个字的发音吐字上都注意声韵技巧，运用"枣核形"发音方式，声母发音部位准确，并与韵头迅速结合，

在韵母的发音过程中有拉开立起之势，动程要足够长，使韵腹呈现圆润饱满的音色；在归音时要注意使韵尾因素回到应有的位置，缓收，产生令人玩味、余音袅袅的效果。如苏轼的词《水调歌头·明月几时有》，朗读时应尽量将每个字的韵腹读得饱满圆润，将诗词的韵律美体现出来。尤其是词中的韵脚"天、年、寒、间；眠、圆、全、娟"，朗读时对其中的韵腹"a"要有拉开立起之势，稍微加长，然后归音到"n"，将舌位回归到上齿龈的位置，才能将其中的韵味读得绵长悠远，回味无穷。

2. 按诗词格律要求，读准字音字调

朗读古典诗歌，不仅要做到普通话语音规范，还要懂得诗歌格律，熟悉四声平仄。这样才能正确地吐字发音，处理好诗句的抑扬顿挫。

诗词的平仄安排主要是以两个字为一个音组（或称音步），交互轮换组联而成。例如："白日依山尽，黄河入海流。欲穷千里目，更上一层楼。"这首五言绝句，就是由音步交互组联而成："仄仄平平仄，平平仄仄平，仄平平仄仄，仄仄仄平平。每一句都有两个双音步和一个单音步。每一个双音步的第二个音，平仄交错使用。这样，就构成了诗句的高下疾徐、抑扬顿挫的节奏。

至于词，句子中的平仄安排，更加严格，但基本上也是以两个字为一个音步交互组联而成的。例如：

人人尽说江南好，游人只合江南老。春水碧于天，画船听雨眠。 炉边人似月，皓腕凝霜雪。未老莫还乡，还乡须断肠。

（韦庄《菩萨蛮》）

这首词的平仄为"平平仄仄平平仄，平平仄仄平平仄。平仄仄平平，仄平仄仄平。平平平仄仄，仄仄平平仄，仄仄平平仄，平平平仄平"。这种平仄声在句子中的巧妙安排，构成了我国古典诗歌特有的音乐美。

在古典诗词朗读中，还必须按照古典诗歌的格律要求来处理句子的声调，才能悦耳动听，增加作品的感染力。否则，便会破坏作品原有的音乐美。例如胜利的"胜"字，普通话多念去声，但在古典诗歌中多作平声，念shēng。如苏轼《水调歌头·明月几时有》中"我欲乘风归去，又恐琼

楼玉宇，高处不胜寒"，上面两句的平仄"仄仄平平平仄仄，仄仄平平仄仄仄"，几度低回婉转，后面一句"平仄仄平平"，一气呵成，尘埃落定。这里的"胜"字，作"承受"解，应念平声，即shēng。

3. 调动形象思维，读出诗词的意境

诗词是运用形象思维的方式来传情达意的。所谓形象思维，也称艺术思维，是一种依附于客观具体形象所进行的思维，它通过描写具体事物的形象来表达抽象的理念和思想感情。古典诗歌篇幅虽短，字数不多，但意境深远。以柳宗元《江雪》为例："千山鸟飞绝，万径人踪灭。孤舟蓑笠翁，独钓寒江雪。"这首诗借景言志。柳宗元曾参加王叔文革新集团反对弊政，因失败而被贬谪永州，悲愤之下，便写了这首小诗。朗读开头两句时，朗读者应在内心想象、勾勒出一个飞鸟远遁、行人绝迹的视像，然后才能用声音渲染出一个大雪铺天盖地、寒流凛冽、寂静凄凉的氛围，表现出当时政治环境的严酷。朗读第三、第四句时，要在头脑中描绘出一个寒江独钓的渔翁形象：漫天大雪中，只有一叶扁舟，舟上有位渔翁，身披蓑衣，顶风冒雪，独自在江面垂钓。朗读者只有在心中形成立体的画面和鲜明的艺术形象，才能曲折地表达出诗人在政治改革失败后，虽处境险恶，仍顽强不屈、不向黑暗势力低头、不同流合污的精神世界。

教材中其他叙事诗如《木兰诗》《琵琶行》《石壕吏》等，有叙事成分，朗读时却不能像叙事文那样平铺直叙。其中绝大部分也都要调动形象思维加以描绘，来体现诗歌特点。朗读时要在朗读者心中形成一幅幅浓淡、深浅不一的中国水墨画，才能把课文蕴含的风格、深远的意境表现出来。

4. 根据诗词结构，读出诗词的内涵

诗词都有一定的结构模式，朗读时要了解该诗的结构，形成严密的逻辑感受，再运用适当的语气，把整首诗的内涵体现出来。例如苏轼的《水调歌头·明月几时有》，通过精巧的构思，表现词人由仕途失意、思念亲人、迷茫苦闷而后到豁然开朗并寄托美好祝愿的旷达境界，因此朗读时，语气、语调也要随着词的结构模式与思想情感的转换来逐渐变化。

5. 划分语言节拍，读出诗词节奏

朗读时要根据诗歌内容划分节拍。古诗词包括元曲，最基本的节奏单位一般是由两个字构成的，五言诗，可分为两顿，三个节拍；七言诗，可分为两顿，也可分为三顿。这些规矩非常灵活，只有按照具体内容确定节拍，使得韵律回环往复，才能形成鲜明的朗读节奏。例如：

枯藤/老树/昏鸦，小桥/流水/人家，古道/西风/瘦马。夕阳/西下，断肠人/在/天涯。

（马致远《天净沙·秋思》）

朗读时要深入分析，划出节拍，并根据节拍安排停顿与连接，从而读出节奏与悠扬的韵味。

二、现代诗歌朗读

现代诗在字音与韵律要求上，要比古诗宽泛许多，但在内容范围和情感表现上，又丰富许多。朗读时如果掉以轻心，就会将诗读成结构分散、语言平淡的"白话"，从而丧失诗歌韵味。

1. 把握内涵，读出情感美

朗读现代诗，必须深入分析作品，把握其思想内容，根据作品主题，确定情感基调。如余光中的《乡愁》一诗，文字浅显，句式简单，很容易读成缺乏韵味的大白话。若能充分感受简单的词句中体现的漫长的时空变化、复杂的家国情怀，再朗读肯定有不一样的效果。再如徐志摩的《再别康桥》，写的是离愁别绪，其情感基调也定在一个"愁"字上，但是这愁，不是哀愁，不是浓愁，而是轻淡的柔愁，愁中又带有一丝对康桥美景的沉醉，还带有一丝对美好往事的眷恋之情。理解了这些，朗读才会更准确、更细腻。

2. 运用视觉感受，读出意境美

现代诗歌也是运用想象思维方式来传情达意的，讲究"诗中有画，画中有诗"。形象思维的过程往往伴随着丰富的想象，朗读时要充分调动想象

思维能力，形成鲜明可感的内心视像。例如朗读郭沫若的《天上的街市》，这首诗每一句都是一幅美好的画面：仰望广阔无穷的天空，星罗棋布，闪闪的星光就像"无数的街灯"，宽阔巨大的银河，变成浅浅的天河，牛郎织女提着流星变作的灯笼骑着牛儿闲游……朗读者要想象自己身处在天上美丽神奇的街市中，眼前要像真的看到诗人描绘的这些美景一般，把自己融于诗中美好的画面里，才能读出其中的美感。

3. 根据情感需要，读出节奏美

现代诗歌朗读的节奏，虽然不像古诗词那样严格规整，但是也有一定规律可循。一般来讲一首诗歌的节奏大体是一致的，可以根据诗歌的主题与情感基调来做出判断。如果表现的内容是欢快的、激动的或紧张的，语调中上扬成分多，速度要快一些；表现的内容是悲痛的、低沉的或抒情的，语调以下降为主，速度要慢一些；表现的内容是平铺直叙的，语调平稳，速度以中等为宜。比如《再别康桥》与《我爱这土地》的语速要慢一些。

在同一首诗歌当中，节奏并非一成不变。诗歌情感有发展，节奏随之有变化。语气语调也会有相应的变化。例如舒婷的《祖国啊，我亲爱的祖国》，这首诗总的感情基调是深沉而悲痛的，整体语速舒缓，但是诗歌先抑后扬，宛如一曲多声部的交响曲，呈现出一种由舒缓到急促、由低沉到高亢的语言节奏变化。

4. 根据韵律特点，读出音乐美

现代诗歌朗读，一定要打破诗行与标点符号的限制，正确处理好停顿。节奏自然、鲜明，诗歌才富有韵律美。例如徐志摩的《再别康桥》，这首诗充分体现了新月诗派的"三美"主张，即绘画美、建筑美、音乐美。全诗每节四句，单行和双行错开一格排列，错落有致，在整齐中又有变化；一、三句短一点，二、四句长一点，显示出独特的"建筑美"。而"音乐美"是徐志摩最强调的，全诗共七节，每节四行，每行两顿或三顿，不拘一格而又法度严谨，韵式上严守二、四押韵，整首诗韵脚分别为"来，彩；娘，漾；摇，草；虹，梦；溯，歌；箫，桥；来，彩"，读起

来抑扬顿挫、朗朗上口。首节和末节，语意相似，节奏相同，构成回环呼应的结构形式。七节诗错落有致地排列，韵律在其中徐行缓步地铺展，整首诗歌优美的节奏像涟漪般荡漾开来，契合着内容与情感的潮起潮落，有一种独特的音韵美感。

第二节　说明文朗读方法

说明文和记叙文、议论文是初中课文中的三种主要体裁。说明文是以说明为主要表达方式，对客观事物或事理进行介绍或解说的一种文体，具有很强的科学性和实用性，对学生认识世界、开阔视野有很大的作用。

说明文既不像记叙文有引人入胜的情节，也不像议论文那样有鲜明的观点和态度，对朗读者的感染力较小。但是若根据说明文的文体特点，采用得体的朗读方法，仍然可以读出说明文的美感和趣味。

一、带着疑问朗读，读出课文趣味

大多数人对朗读故事性较强的课文更感兴趣，对说明文中抽象的科学事物缺乏理解，而一般文章中的科学世界又与日常生活相距较远，如果不能读出课文的趣味，会让读者和听者都感到乏味。因此，在朗读之前，可以设置一些疑问，增加朗读的欲望。

有很多说明文在题目上就可以找到疑问，如课文《罗布泊，消逝的仙湖》，朗读之前可以先提出疑问：这篇文章的说明对象是罗布泊，它曾经是一个美丽的仙湖，但现在却消逝了，这是为什么呢？发生了什么事？带着这样的问题去朗读课文便有了目的性和趣味性。有的课文在小标题中设立了问题，如谈家桢的《奇妙的克隆》一文，朗读时可一上来就提出问题"克隆是什么"，用疑问语气提出这个问题，然后带着听者饶有兴味地去探寻。到最后一段，用生动、活泼的语调读出"可以这样说，关于克隆的设想，

我国明代的大作家吴承恩已有精彩的描述——孙悟空经常在紧要关头拔一把猴毛变出一大群猴子，猴毛变猴就是克隆猴"。课文的趣味性就全都表现出来了。有的课文可以在文章内部设问，如在读《苏州园林》第二自然段的时候，可以要学生找出园林的总体特征，并找出为了实现这个特征，设计者和工匠们都做了哪些努力，这种追求是为了实现什么目的？有目标的朗读比漫无目的的朗读有趣得多，学生获得的知识也更多。

二、朗读态度客观，情感渗透其中

说明文主要是介绍、说明工农业生产、科学技术研究和日常生活中事物的性质、特点及规律，知识性较强。朗读说明文时，尽量采用客观、冷静的语调，读出其中的知识要点，并且读出文本中的科学内涵，以及蕴藏在其中的人文精神。说明文虽然讲述的是客观事实，但其中蕴含的作者的态度和倾向，还是可以透过朗读者的声音表现出来的。例如《中国石拱桥》是一篇介绍石拱桥知识的说明文，作者在简朴的语言和淡雅的情趣之中，处处流露出对中国古代劳动人民智慧和力量的赞美，对祖国悠久历史文化的歌颂。朗读者要在平实质朴的文字后面感受作者的赞美之情，然后通过语气、语调的塑造将其中的情感传达给听者。同样的道理，读《故宫博物院》《苏州园林》之类的说明文，要读出中国人杰地灵、人才济济的自豪感；读《奇妙的克隆》要读出对高新科技发展的感叹；读《罗布泊，消逝的仙湖》要读出对破坏自然的反思和对仙湖消逝的惋惜之情。

三、注重逻辑感受，读出说明层次

说明文对科学知识的说明，是按序列层层展开的，为了让受众把握好说明文内在的逻辑结构，在朗读时主要靠正确的停顿和节奏变化来体现文章的内在逻辑结构。例如《中国石拱桥》一文，全篇大体是以"总—分—总"的结构行文，先说明一般石拱桥的特点，然后说明中国

石拱桥的特点，接着以赵州桥和卢沟桥为例说明中国石拱桥的特点，最后说明我国桥梁事业和中国石拱桥的新发展以及取得光辉成就的原因。朗读时，在每个转折点都要有较长时间的停顿，以便给听者提示内容层次的变化。前两个较大的停顿，结尾语句的语势不能下行，要继续保持上扬的趋势，给听者形成下面还有更详细的内容的感觉，也便于启开新的段落。

在朗读具体的段落时，也要保持整体的逻辑感受，不要将整段话或整个句子读破。例如：

这座桥的特点是：（一）全桥只有一个大拱，长达37.02米，在当时可算是世界上最长的石拱。桥洞不是普通半圆形，而是像一张弓，因而大拱上面的道路没有陡坡，便于车马上下。（二）大拱的两肩上，各有两个小拱。这个创造性的设计，不但节约了石料，减轻了桥身的重量，而且在河水暴涨的时候，还可以增加桥洞的过水量，减少洪水对桥身的冲击。同时，拱上加拱，桥身也更美观。（三）大拱由28道拱圈拼成，就像这么多同样形状的弓合拢在一起，做成了一个弧形的桥洞。每道拱圈都能独立支撑上面的重量，一道坏了，其他各道不致受到影响。（四）全桥结构匀称，和四周景色配合得十分和谐；桥上的石栏石板也雕刻得古朴美观。

（茅以升《中国石拱桥》）

朗读时这段话时，要兼顾赵州桥的四个特点，形成一个完整、统一的逻辑感受，不要在中间环节上停顿过长。在读到 "桥洞不是普通半圆形，而是像一张弓，因而大拱上面的道路没有陡坡，便于车马上下" 时，应注意 "不是" "而是" "因而" 等体现逻辑关系的连词，理清作者的主旨，将信息准确地传达出来。其中的小句子 "因而大拱上面的道路没有陡坡，便于车马上下"，虽然有逗号，没有再加任何关联词，但是也要弄清其中的因果关系，尽量用一口气连续读下来，使意思更完整、准确。

四、语调平稳流畅，声音技巧朴实

说明文的一个特点就是质朴平淡，修饰性的语言较少。说明文的朗读要给听者以亲切、自然、舒服的感觉，让听者在平静、宽松、柔和的气氛中接受作者提供的知识信息。因此在朗读时，尽量采用中音实声，语气柔和，节奏平稳，采取多连少停的方法保持语流的顺畅。在重音的使用上也尽量避免采用高低、虚实转换方法，最好靠轻重和停连变化来提示重音的存在。例如《故宫博物院》中的一段：

紫禁城十多米高，有四座城门：南面午门，北面神武门，东西面东华门、西华门。宫城呈长方形，占地72万平方米，有大小宫殿70多座、房屋9000多间。城墙外是50多米宽的护城河。

这段话中的"十多米、四座、72万、70多座、9000多间、50多米"等词以及"南北、东西、长方形"等表方位和形状的词都是需要强调的重音，朗读时只需采用重读的方法即可。再看下面这段话的停连方法：

这里的建筑布局，环境气氛，和前几部分迥然不同。亭台楼阁、池馆水榭，掩映在青松翠柏之中；假山怪石、花坛盆景、藤萝翠竹，点缀其间。

在这段话中，"建筑布局"与"环境气氛"以及后面的"假山怪石，花坛盆景，藤萝翠竹"是三个平行并列的词组，中间虽然有顿号分隔，但是可以连在一起来读，这样既显得语流平稳流畅，又能表现出御花园景色繁多、不同凡响。最后的四个字"点缀其间"前可适当停顿。

五、文中的描写段落，可以略加渲染

在一些说明文中，也有一些描写生动形象的部分，可以采用朗读散文的方法，用语气变化、语调起伏来使声音更生动，更有吸引力。但是，无论读得多么生动传神，都要记住，说明文的描写段落不是为了抒情，而是为了说明其中蕴含的道理，因此要把重点放在其中的知识点上。如《大自

然的语言》中的片段：

几千年来，劳动人民注意了草木荣枯、候鸟去来等自然现象同气候的关系，据以安排农事。杏花开了，就好像大自然在传语要赶快耕地；桃花开了，又好像在暗示要赶快种谷子。布谷鸟开始唱歌，劳动人民懂得它在唱什么："阿公阿婆，割麦插禾。"这样看来，花香鸟语，草长莺飞，都是大自然的语言。

片段中描写杏花、桃花的场景非常形象，写布谷鸟的歌唱更加活泼、生动，但这些都不是朗读的重点，最后一句"都是大自然的语言"才是需要特别强调、突出的句子。

第三节　议论文朗读方法

议论文是主要运用逻辑思维方法，以概念、判断、推理的形式，直接阐明观点或批驳谬论的一种文体，在各个版本的中学教材中都占有相当大的比重。若能深刻地理解文本内涵，有感情地朗读课文，可以真切感受作者的情感趋向，提高自己的思想认识，改变学生对议论文刻板、无趣的印象，收到多重教育实效。

议论文包括政论文、演讲词、随笔杂文、学术论文等类型。演讲词作为一种特殊的朗读文体，将在本章中单独设节进行分析。学术论文在中学教材中出现较少，所以本节主要分析政论文与随笔、杂文的朗读方法。

一、朗读目的明确，态度鲜明庄重

在议论文的朗读中，朗读者首先要明确朗读目的。课文中作者赞扬什么，反对什么，是非曲直要求直露，朗读者也必须把作者的观点与态度旗帜鲜明地表现出来。朗读议论文，最关键的是要找出课文的中心论点。有的文章，标题就是中心论点。那么，作为论点的标题，一般是表判断的

句子或短语。也有的文章，在开头提出中心论点。还有的文章，在行文当中或篇末提出中心论点。例如学习《事物的正确答案不止一个》时，由于文章的中心论点不易准确地找出，朗读者对文章的论证思路理解也有些困难，因此可以提前设计几个问题：事物的正确答案不止一个，那还有几个？课文中作者提出了哪些话题？为什么不满足一个答案，不放弃追求？创造性思维必须具备哪些条件？怎样才能成为具有创造力的人？然后带着问题去朗读。这样就能更快地进入朗读情境，感悟文本，获得比较清晰的思路，读出本文的论点。其次，还可以快速浏览全文，然后变化朗读顺序，也能准确找到课文的论点。例如《致女儿的信》这篇课文，朗读完 "什么是爱情？……在上帝创造世界时他就把……" 这段后接着朗读最后一段 "万物生存、繁殖、传宗接代，但只有人才能爱。……" 这时就能自然而然地读出文章前有铺垫，后有暗示来。前后对比，更加凸显出人区别于动物的关键，再联系文章的其他内容，从而体味爱情的真正含义和本质，树立正确的爱情观。

朗读时，为增加说服力与可信度，朗读者要采用庄重的态度，论点也好，论据也好，语气要肯定，态度要庄重。语气、语调、语速的变化都要显得从容、果断、大度，还要讲究分寸、火候。

二、理清课文结构，读出逻辑层次

朗读议论文，必须准确地把握作品内在的逻辑关系，把概念、判断、推理融会贯通，明确其内涵、作用，并以切身感受，用具有逻辑 "钳力" 的有声语言表达出来。

朗读议论文，首先应理清议论文的结构。立论文的结构一般分为提出问题、分析问题、解决问题三个部分，也就是引论、本论和结论。议论文的常见组织形式有：并列式，段落层次间是平行并列的关系；层进式，各部分之间是层进关系，即层层深入，步步推进；总分式，论证的层次间是总论和分论的关系，或先总后分，或先分后总，或总分总。驳

论文的一般结构方式是：摆错误论点、分析错误论点的实质及危害、得出正确的观点。

其次要读出论证的层次。议论文中的思考和议论必然有一定的脉络和思路，由此一步步带着听众走向结论，所以必然层次分明。朗读时必须运用音量的大小、节奏变化等技巧逐步推进到结论出现，也就是全文的高潮所在。例如鲁迅的《中国人失掉自信力了吗》一文，属于凝重型节奏，语势较平稳，语调多抑少扬，音强而有力。同时语气、语调上气沉声缓，表现出悲观、失望的情绪。后半部分，表现的却是对中国优秀儿女的无比崇敬，是热情似火的讴歌。一曲高亢激越的"脊梁颂"之后，便热情赞颂"有自信，不自欺"和"前仆后继的战斗"。这部分属于高亢型节奏，语气高昂，音色明亮，语势上扬，语速偏快。

三、声音清晰明亮，重音坚实有力

议论文朗读要明确地亮出作者的观点，就必须使用明亮的音色。在发音时，要使自己的发音器官肌肉紧绷，这样声音就不至于显得拖泥带水。

在议论文中有大量的议论，为了论证，一定会有所强调，所以语句重音就显得特别重要。重音的表达要扎实、确切，一般不使用加快、变轻、转虚的方法，最常用的是加重并延长音节。有时，为了表示语气的深沉，还会同时运用低、重、长的方法表达重音。

四、深入体会内涵，读准"正反引语"

引用语要注意。在议论文中，论点、论据、论证经常引用别人的话，或为经典警语，或为名人名言，抑或是某种错误言论，可统称为引语。一般情况下，引语要用平稳的语气、肯定或否定的态度表达出来。正面引语的表达，要郑重、较慢，分量要与上下文有区别，引语前后要稍有停顿。反面引语的表达，要注意抓准反义性重音，较快，与上下文相关联。例如

鲁迅的《中国人失掉自信力了吗》一文，文章开头"我们总自夸着'地大物博'，是事实"，这里充满着嘲讽意味，"总"字要读出一副自我炫耀、夜郎自大的样子，要用轻蔑的语调对这些沉迷其中不能自拔、顽固不化的人进行辛辣的嘲讽。而"虽是等于为帝王将相作家谱的所谓'正史'，也往往掩盖不住他们的光辉，这就是中国的脊梁"一句，其中有引语"正史"两字，而且还加了"所谓"一词，后面的内容都是对他们的赞扬，因此朗读时，就要用轻描淡写的语气，一带而过，重点强调后面的内容，不然的话，就会把作者的用意读反了。

五、建立对话感，读出议论文的"理"趣

议论文是说理的文章，其中的"理"是说给别人听的。因此，朗读时就不能一味地自说自话，而应该建立对话感，把"理"说给对方听，以期达到共鸣。即使是批驳性课文，也要建立对象感，将错误的观点讲出来，求得第三方的认同。需要提醒的是尽量不要把听者当作驳斥的对象。

议论文也不都是干巴巴地论理，也会运用例证法、引证法、喻证法、比较法、归谬法、归纳法和演绎法等各种方法。因此中间就会有些非常生动、有趣的例子或者逻辑严密的推理，既有气势磅礴的雄辩，也有冷嘲热讽的"反语"，可采用朗读其他文体的技巧方法，将这些精彩段落生动地演绎出来。例如：

读书足以怡情，足以博彩，足以长才。其怡情也，最见于独处幽居之时；其博彩也，最见于高谈阔论之中；其长才也，最见于处世判事之际。

有一技之长者鄙读书，无知者羡读书，唯明智之士用读书，然书并不以用处告人，用书之智不在书中，而在书外，全凭观察得之。

（培根《论读书》）

这篇文章虽是英国哲学家所写，但是由王佐良先生翻译成中文，蕴含深厚，对仗工整，字字珠玑，文采斐然，完全可以按诗歌或散文的读法来朗读。其中有许多排比句式必须采用语调升降变换的方法，才能使得语意

有所区别，语流有所变化。

再如鲁迅先生的《中国人失掉自信力了吗》一文中的句子："我们从古以来，就有埋头苦干的人，有拼命硬干的人，有为民请命的人，有舍身求法的人，……虽是等于为帝王将相作家谱的所谓'正史'，也往往掩不住他们的光耀，这就是中国的脊梁。"这里要采用诗文朗诵的方法，语气逐渐增强，语调逐渐提高，感情逐渐推进，读出对这部分中国人的欣赏与赞美之情。

第四节　记叙文朗读方法

记叙文是以记叙、描写为主要表达方式，以记人、叙事、写景、状物为主，以写人物的经历和事物发展变化为主要内容的一种文体。为教学方便，常常把小说、散文、游记、故事、消息与通讯等课文，都划分到记叙文中，因此记叙文在中学语文教材中占很大的比例。这里所分析的记叙文是狭义上的，专指记人叙事的文章。

一、感情真实，讲述自然

记叙文反映的内容大多都是真人真事，不像小说那样可以虚构。真实的故事更加贴近生活，容易唤起共鸣。因此朗读之前，要充分体会作者写作时的感受，将自己内心的情感与作者的情感尽量贴近，感觉作者写的就是自己的想法，而自己读的就是作者的心声，这样就容易酝酿出真情实感。记叙文中作者的情感有两种表现方式，一种是作者在记叙的基础上直接抒发自己对事物的思想感情，朗读时只有把握产生这种感情的依据后，才能更加深刻地受到感染。另一种是寄情于人，寄情于事，寄情于物，在叙述、描写的字里行间，渗透着作者的感情，朗读时要注意在情景交融、情事结合的内容中去体会。如果作者写的人、景、事是朗读者不曾经历或

体验过的，可以回想、酝酿与此相近的情感。例如《走一步，再走一步》一文，虽然我们在生活中可能没有攀上过悬崖，但是我们总会有其他历险经历，有经过努力终于克服恐惧、战胜困难、走出险境的过程。事件虽然不同，但感受非常接近。再如《老王》一文，在我们周围，总有一些像老王这样生活艰难的人，他们不被人重视，却有一颗金子般的心。如果体悟到这些人的艰难与善良，就会产生与作者相同的感受。

因为记叙文写的是真人真事，朗读时，最好采用自然音色，语流尽量平稳，使文章真实地呈现在听者面前，尽量不去摹拟人物的音容笑貌与方言土语，人物对话不做过多夸张处理，对场景描述不过多卖弄声音技巧，用亲切、自然的讲述方式娓娓道来会更加真实可信。

二、把握记叙文特点，突出课文主题

记叙文的特点是通过生动、形象的事件来反映生活、表达作者的思想感情。无论记人、叙事、写景、状物，总要给人以启迪。因此朗读记叙文时，一定找准课文的立意主旨，明确中心思想，将作者歌颂什么、赞扬什么、批评什么或者反对什么都明确表现出来。然后在朗读的时候投入相应的感情基调，向听者传达课文中蕴含的感情。有些记叙义的主题句非常明显，可以很容易找到，例如课文《走一步，再走一步》的结尾，非常明确地总结道：

我曾屡次发现，每当我感到前途茫茫而灰心丧气时，只要记起很久以前我在那座小悬崖上所学到的经验，我便能应付一切。我提醒自己，不要想着远在下面的岩石，而要着眼于那最初的一小步，走了这一步再走下一步，直到抵达我所要到的地方。这时，我便可以惊奇而自豪地回头看看，自己所走过的路程是多么漫长。

（莫顿·亨特《走一步，再走一步》）

有些记叙文的主题句非常简单含蓄，例如《爸爸的花儿落了》，结尾处"爸爸的花儿落了，我也不再是小孩子"，虽然只有两句，但要饱含深

情、意味深长地读出每个字。因为这里要说的内涵非常丰富——"爸爸去世了，我的童年结束了，一下子就长大了，再不能天真幼稚，要担当起家庭的责任了"，等等。

有些记叙文的中心思想蕴含在具体材料中，通过对人、事、物的生动描写来表现。朗读时就需要在细节上下工夫。

三、按照记叙线索，形成贯通的语气

记叙文记叙人、事、物，总要按照一定的顺序进行，朗读时就要抓住记叙的线索，找准课文的脉络。故事总有开头、结尾，事件也总有发生、发展、高潮和结局，这就是脉络。开头用慢速，多停顿，使听众听得清楚、明白；中途娓娓道来，要从容不迫；高潮到来，要用节奏、语速的变化来突显，否则就会显得平淡无奇。例如课文《秋天的怀念》中几个表述事件变化的段落：

第一段：双腿瘫痪后，我的脾气变得暴怒无常。……

第三段：那天我又独自坐在屋里，看着窗外的树叶"刷刷啦啦"地飘落。……

第四段：她出去了，就再也没回来。

第五段：邻居们把她抬上车时，她还在大口大口地吐着鲜血。

第六段：邻居的小伙子背着我去看她的时候，她正艰难地呼吸着，像她那一生艰难的生活。别人告诉我，她昏迷前的最后一句话是："我那个有病的儿子和我那个还未成年的女儿……"

第七段：又是秋天，妹妹推我去北海看了菊花。黄色的花淡雅、白色的花高洁、紫红色的花热烈而深沉，泼泼洒洒，秋风中正开得烂漫。我懂得母亲没有说完的话，妹妹也懂。我俩在一块儿，要好好儿活……

这几段文字，开头都交代了时间和地点，然后写人事变化，以时空变化为线索来记叙。朗读时，内心要有鲜明的时间与空间变化感觉。每当段落变化时，要在心中产生同样的变化感，尤其是结尾段因为时间间隔较

长，母亲已经去世，场景虽在，但物是人非，通过较大的时空变幻感，才能将作者心中的悲凉感体会出来。沿着这一线索，就找准了课文的脉络，建立起内心感受，才能将朗读的语气贯通起来，将作者的情感表现得既淋漓尽致，又有层次感。

如果记叙文中有倒叙或插叙，就要用明显的停顿把起点和止点交代清楚，衔接自然。尤其要处理好叙述的重点或矛盾的高潮；朗读结尾不能戛然而止，应该暗示听者深入理解主题。

四、记叙方式灵活，朗读技巧多样

写作时，为了使记叙文变得更有表现力和感染力，总是同时运用描写、抒情、议论、说明等多种方式。根据记叙文这一特点，朗读时就要相应采取多种表达技巧。

第一，叙述部分的朗读方法。叙述是记叙文中运用最多的一种表现方式。例如：

我家邻村，有一个信客，年纪不小了，已经长途跋涉了二三十年。他读过私塾，年长后外出闯码头，碰了几次壁，穷愁潦倒，无以为生，回来做了信客。

（余秋雨《信客》）

这段话叙述老信客的来历，要以质朴的方式来讲述。不用过多重音，讲述自然、亲切；少用起伏变化，语调尽量平稳；多连少停，保持语流顺畅，形成一种娓娓讲述的效果。

第二，描写部分的朗读方法。描写是对人物的外貌、动作，事物的性质、形态，景物的状貌、变化所作的具体刻画和生动描摹。在《阿长与〈山海经〉》一文中，鲁迅先生写阿长"切切察察"的样子，写阿长的睡相以及"元旦的古怪仪式"，写阿长讲长毛的故事，写阿长买来《山海经》，都有具体的刻画和描绘，例如下面一段：

最讨厌的是常喜欢切切察察，向人们低声絮说些什么事，还竖起第二

个手指，在空中上下摇动，或者点着对手或自己的鼻尖。……又不许我走动，拔一株草，翻一块石头，就说我顽皮，要告诉我的母亲去了。一到夏天，睡觉时她又伸开两脚两手，在床中间摆成一个"大"字，挤得我没有余地翻身，久睡在一角的席子上，又已经烤得那么热。推她呢，不动；叫她呢，也不闻。

（鲁迅《阿长与〈山海经〉》）

这一段是人物描写中的动作描写，朗读时，要有立体的形象感受和动作感受，可以采用多种重音与停连方法，语气、语调也要有较大的起伏变化，用声音生动、形象地塑造令人"讨厌"的长妈妈形象。

第三，说明部分的朗读方法。说明是一种常用的表达方式，在说明文中极其常见。而记叙文中的说明，一般简明扼要，主要是对文章部分内容的补充交代。在以叙述、描写为主要表达方式的文章中，适当地穿插几句或几段文字来简要地说明事物或阐明事理，会使所记叙的人、事、物更加清晰。例如：

在我们家乡，住家门口总有台阶，高低不尽相同，从二三级到十几级的都有。家乡地势低，屋基座高些，不大容易进水。

（李森祥《台阶》）

这段话只是对我家造台阶的背景与原因的说明，朗读时采用平静讲述的语气即可，不必做过多渲染。而且还要与后面的"另外还有一说，台阶高，屋主人的地位就相应高。乡邻们在一起常常戏称：你们家的台阶高！言外之意，就是你们家有地位啊"相联系，不能游离在文意之外。

第四，抒情部分的朗读。抒情即作者通过作品的中心人物表达主观感受，倾吐心中情感，可分为直接抒情、间接抒情两种。直接抒情即直抒胸臆，间接抒情是在叙述、描写、议论中流露出爱憎感情。如《阿长与〈山海经〉》中的结尾句"仁厚黑暗的地母呵，愿在你怀里永安她的魂灵"，凝聚着"我"对长妈妈的全部情思，抒发了对阿长的感激与敬爱，寄托了"我"对善良人的衷心祝愿。因此朗读时要充分酝酿感情，用深沉的语调、凝重的语气，向地母祈祷，然后逐渐拉升语调，读到

"愿在你怀里"到达最高潮，然后降下语调，缓缓读出"永安她的灵魂"，尤其要重读"永安"一词，并将"灵魂"两字拉开距离，表达出作者永恒的感恩和怀念之情。

第五，议论部分的朗读。议论是根据作品写出自己的见解或道理，记叙文中的议论往往起画龙点睛、深化中心、揭示记叙目的和意义的作用。这部分的朗读方法与议论文不同，不能用直接说理的方法，而要有议论的铺垫和准备，再读出内容，就显得自然、不生硬。例如《走一步，再走一步》结尾一段的议论是"我"在亲身经历中得出来的，因此朗读时，不要与前面的故事割裂开来，要使语气自然贯通下来，再进一步强调得出的"人生经验"。因此朗读时要拿捏好转化的火候与度数，自然而然，又有所区别。

第五节　小说朗读方法

目前的中学语文教材选取了大量古今中外的优秀小说，其中既有古典名著《西游记》《三国演义》《红楼梦》《水浒传》《儒林外史》等作品的节选，也有鲁迅先生的《故乡》《社戏》《孔乙己》以及老舍的《骆驼祥子》片段和刘绍棠的《蒲柳人家》等作品，还有法国都德的《最后一课》、莫泊桑的《我的叔叔于勒》、俄国作家契诃夫的《变色龙》等优秀短篇小说。在朗读时就需要对小说主题有准确而深刻的理解能力，对故事情节有丰富而细腻的感受能力，对人物语言有丰富生动、形象传神的表现能力等，再综合运用多种声音技能，将小说朗读得趣味横生、引人入胜。

一、选取小说中的精彩片段

小说要表现一个完整的故事，篇幅一般较长，因而必须选取作品中适合朗读的精彩片段：小说中的场景与环境描写，文辞优美、意蕴深远或朗朗上口的部分可以选取；小说中的人物对话，性格鲜明、耐人寻味或突出主题的部分也可以选用；小说中的故事情节，曲折生动、引人入胜或出人意料的部分也可以选用。例如鲁迅先生的小说《故乡》和《社戏》中优美的场景，《变色龙》中警官奥楚蔑洛夫变化多端的语气、语调，古典小说《智取生辰纲》引人入胜的"智取"情节，都是非常精彩的朗读片段。有些小说虽然篇幅长，但是中间的小段落故事完整，仍然可以独立成篇，例如刘绍棠的小说《蒲柳人家》继承了中国古典小说的许多表现技巧和艺术手法，表现了京东北运河畔农民的独特风貌，充满浓郁的民族风格和审美情趣。其中描述一丈青大娘的片段，就是一个非常完整的小故事。在这一段，作者以高超的艺术表现手法，生动地描画了一丈青大娘的音容笑貌、喜怒悲乐。她那刚直不阿、危急相扶、困厄相济的性格，透出了庄稼人的凛然正气。这种女中豪杰的形象，与《水浒传》中著名女将一丈青扈三娘颇为神似。段落中有许多经典的句子，如果不放开声音朗读，难以将其中的精妙之处完全表达出来。

二、了解小说全貌，读出情节变化

朗读小说首先要通读它，读懂、读透，不仅要明白小说的故事情节、人物关系、矛盾冲突，更要从整体上把握情节与冲突的发展脉络、人物性格变化层次以及作者的创作主旨等。对于短篇小说或微型小说，这一点并不难。对于中长篇小说，也应努力做到这一点。即使是朗读小说片段，也要尽可能通读全篇或至少弄清全篇的情节、人物、环境以及所选片段在全文中的位置、地位，不能断章取义。例如：

这时候，我的脑里忽然闪出一幅神异的图画来：深蓝的天空中挂着一

轮金黄的圆月，下面是海边的沙地，都种着一望无际的碧绿的西瓜，其间有一个十一二岁的少年，项带银圈，手捏一柄钢叉，向一匹猹尽力的刺去，那猹却将身一扭，反从他的胯下逃走了。

我在朦胧中，眼前展开一片海边碧绿的沙地来，上面深蓝的天空中挂着一轮金黄的圆月。我想：希望本是无所谓有，无所谓无的。这正如地上的路；其实地上本没有路，走的人多了，也便成了路。

（鲁迅《故乡》）

这两段景物描写，前者要用轻快的节奏读出明朗、优美、令人神往的效果，后者要用低沉的语调读出晦暗、萧条、令人悲凉的况味。因为前者是小说中"我"回忆的二十年前的故乡的美丽图画，后者是"我"眼睛里看到的二十年后的故乡的实景。若缺乏对全文的总体把握与理解，很容易将两段文字读雷同了。

三、按结构特点，采用多种表现方式

一般小说都有故事的起因、发展、高潮、结局等几个部分，朗读各部分时应根据内容与表达需要，采用不同的语言表现方式。例如小说《我的叔叔于勒》就围绕于勒的命运构成了情节的开端、发展、高潮、结局。朗读这篇课文时，要按照故事情节的发展，将内心情感与声音表达方式确定为四个阶段。朗读故事的开端时可以采用平实的语气、平稳的语调来叙述故事发生的地点，初步揭示人物爱慕虚荣的性格特征。对于听者来说，于勒到底是怎样一个人？他与菲利普一家有着怎样的关系？于勒最后回来了没有？要在朗读的语气中给听者留下悬念。第二阶段要用热烈的语气、语调讲述全家急切盼望他归来的原因。对于于勒的两封信，要用夸张的语调来读，一点点铺排渲染于勒的"美好形象"，将全家人对于勒的希望升到极点，为下文于勒跌入社会"底舱"、受到"诅咒"埋下伏笔，做好铺垫。第三阶段是故事的高潮，一家人在船上巧遇已经沦

为穷水手的于勒。这部分最需要运用声音技巧来表现情节的变化（具体的朗读分析见本书第九章）。最后是小说的结尾部分，朗读重新转为平稳，语速减慢，用凄凉的语调告诉人们故事的结局，用意味深长的语气表现出对冷酷现实的讽喻。

四、通过动作语言生动地刻画人物

小说是通过语言动作来塑造人物形象的，朗读时要揭示人物的思想意愿、感情起伏、情绪变化，就要抓住人物动作和语言特征，采用恰当的声音形式，体现人物的性格特征。例如：

只见两个客人去车子前取出两个椰瓢来，一个捧出一大捧枣子来，七个人立在桶边，开了桶盖，轮替换着舀那酒吃，把枣子过口。无一时，一桶酒都吃尽了。七个客人道："正不曾问得你多少价钱？"那汉道："我一了不说价，五贯足钱一桶，十贯一担。"七个客人道："五贯便依你五贯，只饶我们一瓢吃。"那汉道："饶不的，做定的价钱。"一个客人把钱还他，一个客人便去揭开桶盖，兜了一瓢，拿上便吃。那汉去夺时，这客人手拿半瓢酒，望松林里便走，那汉赶将去。只见这边一个客人从松林里走将出来，手里拿一个瓢，便来桶里舀了一瓢酒，那汉看见，抢来劈手夺住，望桶里一倾，便盖了桶盖，将瓢望地下一丢，口里说道："你这客人好不君子相！戴头识脸的，也这般罗唣！"

（施耐庵《水浒传》）

这一段就是吴用设计的智取生辰纲的关键环节，"客人"到自己的车前"取"了两个椰瓢来这一句，需要重点强调，因为这是为后文做伏笔。喝完酒后，一个客人给钱，另一个客人便去"揭开桶盖，兜了一瓢，拿上便吃。那汉去夺时，这客人手拿半瓢酒，望松林里便走，那汉赶将去"。这一段描写的目的是在分散卖酒人和看客的注意力。而这边一个"走"出来，"拿"一个瓢，"舀"了一瓢酒，那汉劈手"夺"住，望桶里一"倾"，便"盖"了桶盖，将瓢望地下一"丢"，几个简单的动作，便将

往酒里放蒙汗药的过程传神地表现出来。朗读者要抓住重点动词，读得意味深长，才能让听者在故事结束后顺藤摸瓜的回忆中恍然大悟，体会出水浒英雄的机智与高妙。

五、运用个性化语言读出人物特点

语言的性格化有两个方面，一是小说的内容，也就是人物所说的话，要符合人物性格，体现出人物的个性特征。例如朗读《故乡》中写杨二嫂的段落时，要准确把握杨二嫂的性格：内里是心计极深，爱贪小便宜；外表却又惯于逢迎、口齿伶俐。朗读者要反复钻研、分析小说的每个情节，琢磨人物的每一句话，透过字里行间探索人物性格，理解人物的思想感情，在心中形成角色的雏形。

二是人物语言性格化的体现，这就要靠外部声音技巧来完成了。不同的人，不同的性格，都有其说话的独特方式，其差异性具体地体现在声音、音色、说话时的习惯、语气、语调等方面，所以朗读中使语言性格化的手段就是探寻具有鲜明性格特征的说话习惯，掌握符合人物性格的语气、语调，为声音"化妆"。例如朗读《红楼梦》中的片段"香菱学诗"，全篇对话居多，而且是同龄人之间的谈话，他们身份不同，语言有别，朗读时的语气、语调都要尽力符合其身份、地位以及性格特征。

六、根据小说文体特点，把握朗读分寸

朗读小说不同于朗读台词，在语言上要"节制"，不要"过火"也不要太平淡。这属于分寸感的问题。少则偷工减料，多则庞杂臃肿；欠则意犹未尽，过则失真走样。朗读分寸的依据是合乎"自然的常道"，就是要符合生活的常情，符合人物性格、人物所处的规定情境以及特定的人物关系。

第六节　散文朗读方法

散文是指篇幅短小、题材多样、形式自由、情文并茂且富有意境的文章体裁。其特点是通过叙述、描写、抒情、议论等各种表现手法，营造出一种自由灵活、形散神凝、生动感人的艺术境界。在各种版本的中学语文教材中，散文是一种重要文体。散文有声语言的表达介于诗歌、小说和寓言童话之间，既不大起大落，也不绘声绘色，主要是用朴实、真切的声音表达内心的真情实感。

一、把握朗读的整体风格

散文总是从主观视点来观察世界万物，从中有所感悟。朗读散文应力求展示作者倾注在作品中的情感，充分表现作品中的人格意象。散文是心灵的体现，是真情流露。散文朗读的语调基本上是平缓的，没有太大的起伏。即使是在作品的高潮，也不会像诗歌、演讲和台词朗读那样异峰突起，慷慨激昂。在朗读散文时要用偏实的中音、平稳的语速、柔和的音色、恰当的节奏来表现。例如：

设若单单是有阳光，那也算不了出奇。请闭上眼睛想：一个老城，有山有水，全在天底下晒着阳光，暖和安适地睡着，只等春风来把它们唤醒，这是不是个理想的境界？小山整把济南围了个圈儿，只有北边缺着点口儿。这一圈小山在冬天特别可爱，好像是把济南放在一个小摇篮里，它们安静不动地低声地说："你们放心吧，这儿准保暖和。"真的，济南的人们在冬天是面上含笑的。他们一看那些小山，心中便觉得有了着落，有了依靠。他们由天上看到山上，便不知不觉地想起："明天也许就是春天了吧？这样的温暖，今天夜里山草也许就绿起来了吧？"就是这点幻想不能一时实现，他们也并不着急，因为有这样慈善的冬天，干啥还希望别的呢！

（老舍《济南的冬天》）

尽管段落中有"这是不是个理想的境界？"和"干啥还希望别的呢！"

这样明显的疑问与感叹句，甚至有独白似的句子，但是在读的时候，都不需要用太过浓烈的情感和大起大伏的语调。散文朗读重点强调的不是作者"怎么说的"，而是要用平和的语气和略有起伏的语调，说清作者说的"是什么"即可。

二、根据内容，把握好句段的语气形式

确定整体风格，并不是说通篇都用一种表达方式，而且一篇散文中又有多样表达方法。叙述性语言的朗读要语气舒展，声音明朗轻柔，娓娓动听；描述性语言要生动、形象、自然、贴切；抒情性语言的朗读要自然亲切、由衷而发；议论性语言的朗读要深沉含蓄、力透纸背。朗读者应把握文章的语言特点，恰如其分地处理好语气的高低、强弱，节奏的快慢、急缓，力求真切地把作者的"情"抒发出来，把握"形散神聚"的特点。例如：

一群茂腾腾的后生。

他们的身后是一片高粱地。他们朴实得就像那片高粱。

咝溜溜的南风吹动了高粱叶子，也吹动了他们的衣衫。

他们的神情沉稳而安静。紧贴在他们身体一侧的腰鼓，呆呆地，似乎从来不曾响过。

（刘成章《安塞腰鼓》）

这一段是叙述性文字，要尽量用平稳舒展的语气来读。

但是：看！

一捶起来就发狠了，忘情了，没命了！百十个斜背响鼓的后生，如百十块被强震不断击起的石头，狂舞在你的面前。骤雨一样，是急促的鼓点；旋风一样，是飞扬的流苏；乱蛙一样，是蹦跳的脚步；火花一样，是闪射的瞳仁；斗虎一样，是强健的风姿。黄土高原上，爆出一场多么壮阔、多么豪放、多么火烈的舞蹈哇——安塞腰鼓！

（刘成章《安塞腰鼓》）

这一段是描述性文字，要满含深情地将"安塞腰鼓"生动、形象地朗读出来，情感要真挚、纯朴，表达技巧生动多变。下面几句是作者抒情的句子，要激情澎湃地把作者对安塞腰鼓的赞美之情表达出来。

好一个黄土高原！好一个安塞腰鼓！

好一个痛快了山河、蓬勃了想象力的安塞腰鼓！

（刘成章《安塞腰鼓》）

对于抒情性的句子，朗读者可以放开束缚，采用诗歌的朗读方法，尽情表达。

三、确定朗读基调

散文通常可以分为古代散文和现代散文，古代散文有特殊的文体、句式和音韵要求，朗读时要了解其语言结构特点，以免读破"辞章"切断文意。这里主要介绍现代散文的朗读方法。

散文按文体性质可以分为抒情、叙事和议论散文几类。抒情散文通常语言优美、比较口语化，虽不讲究韵律和音律，却常常给人以诗的意境和感觉。朗读时既要通过轻重、高低、快慢来展现散文作品的美，又要区别于诗歌的朗读，要用心去体会，尽量做到自然口语化、生活化。例如朱自清先生的散文《春》描写春天，赞美春天，发出"一年之计在于春"的感慨，从而表达了对生活的热爱。基调是热情的，愉快的。我们应该用明朗、甜美的声音去读。再如刘成章的《安塞腰鼓》热情地赞美了安塞腰鼓，进而赞美了陕北的农民，赞美我们的民族质朴、坚强以及力求上进的精神。朗读时要充分把握这种热情讴歌、极力赞美的感情基调。

叙事散文虽写了人物和事件，但不像小说那样追求故事情节完整，刻画人物性格特点，而是遵从写意的风格，对人和事点到为止。即使是朗读人物的对话，也要在把握全篇的基础上追求"神似"，而不要过分追求"声似"。例如朱自清的散文《背影》也有许多短对话，都需要用平和的语气、语调来读。有些散文中穿插着一些人和事，正是这些人和事给了作

者启示，由此而产生了感慨。朗读时应当把其人其事作为散文的一个组成部分而不是把它们作为一个故事来读。

议论说理散文，也叫哲理散文。它不同于一般的议论文，不需要推理论证和严肃说教，而是像朋友一样推心置腹，促膝谈心，亲切自然、真诚中肯，达到让听者细心品味，深刻反思而受到教益的作用。例如冰心的散文《谈生命》，全文虽然有大段优美的文字描写，但更多的还是说明"生命像什么"和生命旅程中蕴含的道理。

四、弄清作品结构，形成统一感受

散文结构布局多种多样，有横式的，有纵式的，有逐层深入的，有曲折迂回的。例如朱自清的《春》以春为线索，围绕这根主线，写了春草、春花、春雨以及春天人的精神面貌等，是一篇纵式结构的文章。而鲁迅的散文《从百草园到三味书屋》则分别描述了百草园和三味书屋，是一篇对比结构的散文。在文章中虽然有山有水，有花有鸟，还有人，但都不是具体的某一个人。在朗读这一类型的散文时，可以作者的感受为线索。虽然散文的结构与写法多样，但无论什么散文都是"形散神聚"，总是有一条清晰的线索贯穿全文，统领全篇。因此朗读时自始至终要有一种内在的感情贯穿其中，使全文浑然一体。

五、感受要具体，表达细腻、有韵味

一篇散文中，蕴含的情感是不断发展、变化、深入的，朗读时，要用不同的声音技巧将这一过程细腻地表现出来。例如朗读朱自清的《春》时，一开始是一种殷切期盼的情感，在朗读"山，朗润起来了；水，涨起来了；太阳的脸，红起来了"时，要把三个层次读出来，把春天越来越近、人们越来越欣喜的心情读出来。中间的部分，从各个方面描写春天，也表现了作者对春天的热爱。可以用减低速度、降低音量的方法把描写和

抒情区别开来。最后的三小节，用娃娃、姑娘和青年来比喻春天，体现了人们对新的一年的憧憬和希望，情绪也随之转向高昂，音量逐渐提高，语速也要不断加快。

散文虽然不像诗歌那样有规整的节奏和严格的韵律，但是也讲究节奏和韵律美。散文的局部和某些句子也有对称结构。例如《春》中"风，轻悄悄的；草，软绵绵的"，在朗读时，可以用相同的语调来读这组语句，使文中的韵律美表现出来。老舍的散文《济南的冬天》在优美的文字中还蕴含着轻松俏皮的特点，在朗读时就要注意其口语化和儿化特点，读出其中的韵味。

第七节　童话与寓言朗读方法

童话是儿童文学的一种体裁，主要通过丰富的想象、幻想和夸张来塑造艺术形象，反映社会生活，促进儿童性格的成长。寓言是用假托的故事或自然物的拟人手法来说明某种道理或教训的文学作品，达到劝诫、教育或讽刺的目的。

中学语文教材选取了《皇帝的新装》《犟龟》《巨人和孩子》《女娲造人》《盲孩子和他的影子》等童话；寓言节选了周国平的《白兔和月亮》《落难的王子》，外国寓言有《赫耳墨斯和雕像者》《蚊子和狮子》，古代寓言故事有《智子疑邻》《塞翁失马》等篇目。童话与寓言的朗读方法接近，又略有差别。

一、区分童话与寓言，确定朗读风格

一般来说，童话故事主要是写给孩子的，寓言故事却是老少兼宜。即便是将寓言读给儿童听，也大可不必使用儿童化的表达方式。朗读童话时，尽量绘声绘色，但朗读寓言时，朗读者大多处于转述者的位置，是

"我在转述某某某的话"。因此，在角色语言的表现上，都讲求靠近角色的性格、性别、年龄，符合其所处环境。童话朗读一定要追求形似，寓言朗读更多的是追求一种内在的神似。朗读童话时，在角色语言的声音使用和语气把握上要分寸得当。朗读寓言时也要注意不仅仅是简单的模仿，更要抓住依据，适当表现，注意课文的内在感和整体感。

二、进入幻想空间，读出作品的境界

童话故事中的幻想看起来好像能无拘无束，可在瞬间上天入地，一目千里，可写仙子，可写妖魔，可死而复生，可长生不死，甚至连虫鱼鸟兽都可以有人的思想、人的行为……但是童话中的种种幻想，都植根于现实，是生活的一种折射。寓言里的鸟兽虫鱼和花草树木也都人格化了，它们之间发生的一切似乎都如同人间发生的事情一样，是那么自然、真实。因此朗读童话和寓言中的故事部分时要充分调动幻想能力，用丰富的想象力，赋予动物、植物等物体感情。然后运用夸张和拟人的声音形象塑造方法，遵循一定的事理逻辑去开展离奇的情节，形成浓烈的幻想氛围以及超越时空制约、亦虚亦实、似幻犹真的境界。例如《盲孩子和他的影子》这篇童话，作者通过新奇的想象、虚构的情节，描绘了一幅充满爱意的画面，奏响了一曲爱的赞歌。盲孩子因为什么也看不见而感到孤独寂寞，是他的影子陪伴他，给他带来快乐，让他感到了从没有过的幸福、快乐与温暖。在他无助的时候，萤火虫、太阳、月亮，也都来到他的身边，向他伸出了温暖的手。这些爱，让孤独寂寞的盲孩子感受到了生命的光明和美好。课文结尾写 "月亮和太阳同时地挂在天上"，这种现象根本不符合生活实际，但让人感觉非常自然。朗读时要深入揣摩盲孩子内心深处的孤独，调动各种想象，读出童话中的美好境界，读出其中的童真童趣。

三、声音形式夸张，角色塑造鲜明

夸张是一般文学作品所常用的艺术手法，但童话作品中的夸张又不同于其他艺术作品，它是从内容到形式全方位的夸张。如果我们说幻想是童话的灵魂，那么夸张就是童话的血肉，它使童话故事更加丰满。"没有血肉，灵魂无所依附；没有夸张，幻想则不能得到表现"。在朗读童话或寓言时，只有当夸张处于最能表现幻想的时候，它也才具有最大的存在价值。例如朗读《皇帝的新装》，在读到大臣与皇帝看到衣服时的表现，尤其是骗子的语言和动作时，可以适度夸张，读出其中的滑稽意味。

四、运用声音技巧，读出讽喻之意

童话故事最大的特征是其主旨大多是教人勇敢、热情、善良、乐观、慈爱，反对卑鄙、怯懦、邪恶、虚伪。它也常常采用象征手法塑造形象以影射、概括现实中的人事关系。

寓言故事一般来说，都是将一个深刻的、具有普遍意义的道理蕴含在一个生动的故事里。

在朗读寓言时，其中的故事和寓意部分，要采用不同的声音形式加以区分。例如课文《赫耳墨斯和雕像者》，前面讲述赫耳墨斯买雕像的故事，可以采用童话的朗读表现方法，讲得绘声绘色；但到结尾一句"这个故事适用于那些爱慕虚荣而不被人重视的人"要改用凝重的节奏，用平稳的语调，缓慢的语速，在关键词"爱慕虚荣而不被人重视的人"之前稍加停顿，提起人们注意，然后意味深长地读出其中的寓意。

再如：

宋有富人，天雨墙坏。其子曰："不筑，必将有盗。"其邻人之父亦云。暮而果大亡其财，其家甚智其子，而疑邻人之父。

（《韩非子》）

在这篇短文中，前面大部分内容都可以按照文言文的朗读方法进行。

但是在结尾一句"其家甚智其子，而疑邻人之父"上却需要重点处理。可以采用前后两句语调升降变化的形式，突出"其家"对"其子"与"邻人"不同的态度，也强调出"疑邻"的荒唐，表现课文的主旨与寓意。

五、控制朗读情绪，动作表情适度

由于童话和寓言故事比较通俗易懂又生动活泼，因此一些朗读者往往感受得不够细致，不够深入。光顾着想善良的小白兔、狡猾的大灰狼大概是什么样的声音脸谱，对角色语言的心理背景，对故事背后所隐含的道理以及创作者的良苦用心并没有真正感受到。这样，就很容易陷入感情肤浅、夸张过度、语言过火等误区，使朗读变成了简单的表演加说教。

朗读童话或寓言时，要全面调动自己的创造激情，用自然、生动的表情和动作辅助声音。朗读者的表情动作要有依据，那就是故事中人物的感情、故事的寓意，还要依据朗读环境。最主要的还是内心要有依据，要情之所至，自然流露。

第八节　台词朗读方法

中学教材中节选的戏剧形式有多种，适合朗读教学的就有五六篇。人教版与苏教版都节选了《威尼斯商人》，语文版和苏教版都选择了《陈毅市长》。另外，语文版还节选了经典话剧《茶馆》，人教版节选了《枣儿》，苏教版节选了富有地方气息的《江村小景》等话剧。通过朗读不同作家、不同风格、不同题材的人物台词，可以学会借助人物语言准确地理解剧作的思想内容，并熟练运用朗读艺术的各种表达技巧。

一、适度夸张，读出台词的艺术化特点

戏剧不像小说等文学样式那样由作者出面向读者叙述，只能依靠人物自身的语言与动作来表达一切，因此台词是戏剧舞台上唯一可以运用的语言手段。台词与生活语言有很大差别。生活中说自己的话，朗读中说人物的话。生活语言可以说得很随意，但台词作为艺术语言，有舞台特殊的制约性。台词既是直接同对手沟通，也是间接地同观众交流。因此在朗读时，就要适度地夸张，以便让听众明白剧情。例如：

母：说起来，也只能怨你命苦。你大哥若是在这儿，现在也快二十八了，那孩子挺能干的，那还不是一家之主？你二哥要娶亲，你要读书也许都不难了。

女：不是说给拐子拐去的吗？

母：是呀，他挺爱看把戏，听得外面锣响就坐不住。一次碰上一些江北耍把戏的就把他拐走了，到现在十几年没有消息，不知道是死了还是活着。上个月我病得挺厉害的时候，正逢你二哥开差到蚌埠去了不能回来，我想我有两个儿子，难道一个也不能送我的终吗？想起来真伤心。

（田汉《江村小景》）

这段台词，不仅仅是母女之间的聊天对话，也是对观众诉说剧情，为后面大哥的突然到来打下基础，因此朗读这段台词时，不仅说给剧中人物听，还必须说给观众听，使每个观众都能听得清，听得懂。

二、真切自然，读出台词的生活化特点

台词既然是一种艺术语言，艺术上自有一定的要求和标准。要使观众看懂剧情，理解人物，接受剧作者对生活的解释，台词就必须明白浅显、通俗易懂，具有口语化的特点。例如老舍的《茶馆》展现的人物有五十多个，其中提笼架鸟、算命卜卦、卖古玩玉器、玩蝈蝈蟋蟀的各种人物，来自生活的各个层面，他们的语言极富生活气息。采用北京方言，地方色彩

浓郁且平白如话、通俗易懂，让人感到亲切自然。当然，在注意口语化的同时，也需要注意语言的规范化和纯洁性，要注意对生活语言的提炼、加工，使之成为形象生活化的艺术语言。

三、千人千语，读出人物性格特点

在话剧中，故事情节的发展、人物形象的塑造以及作品的思想倾向等，主要依靠人物的语言和动作来表现。因此，优秀的剧作，人物的语言应该是高度个性化的，这样才能充分揭示人物的性格特征、身份教养和思想作风。要将台词读出"性格"，首先必须根据人物的出身、年龄、职业、教养、经历、社会地位以及所处时代等条件，掌握人物的语言特征，力戒千部一腔、千人一面。例如《威尼斯商人》就要注意把握夏洛克的贪婪、吝啬与残暴，鲍西娅的智慧、博学与多才，安东尼奥的善良、忠诚与"默忍迎受"，还有葛莱西安诺的热情、幽默与滑稽。其次，台词的性格化还要求朗读者牢牢把握人物性格的发展，把握戏剧情境的变化，把握人物错综复杂的相互关系，领会此时此地、此情此景中人物唯一可能说出的话。不仅剧本中不同人物的台词不能相互混淆，同一人物在不同戏剧场面中的台词也不能任意调换。例如苏教版中学语文教材中的《陈毅市长》，课文节选的是"夜访齐仰之"一场。齐仰之是一个具有强烈爱国心的化学家，造诣颇深，但在国民党政府统治下，报国无门，从此心灰意冷，加上长期的书斋生活，铸成了不问世事、孤傲而又近乎迂腐的性格。在开场的谈话中朗读者的语气应该是冷淡、漠然，拒人千里之外的。在陈毅市长的引导下，他的内心迸发出为国效力的强烈热情，于是朗读语调转为高亢，语速也相应加快，要读出一个知识分子对事业的强烈热爱，对报国有门的喜悦和迫不及待的感情。

四、富有动感，读出台词的动作性特点

戏剧是行动的艺术，它必须在有限的舞台演出时间内迅速地展开人物的行动，并使之发生尖锐的冲突，以此揭示人物的思想、性格、感情。这就要求台词服从戏剧行动，具备动作的特性。台词朗读必须考虑到表演艺术创造的需要，把角色的内心世界形象地再现在观众面前。例如：

[女匆匆入门没有注意。长子长期军队生活养成的兽性复发，以脚勾女。]

女：（几前仆，见是军服男子，大惊）吓！

长子：喂，来，花姑娘，你姓什么？

女：我我我——你是哪里来的？

长子：我是江那边来的。你别怕。

女：（要逃）吓！你是北兵！

长子：你别怕。（追之，拦门）

女：哎呀。救命呀！

长子：（笑追之）我又不杀你，救什么命？

女：救命啊！救命啊！

…………

长子：妈的巴子，你敢强！(抢得盒子炮击中次子之腹）

次子：（拼死命夺得长子腰间的手枪瞄着他）畜生！

[母手抱便服与女急入门。]

母：打不得！打不得！你们是兄弟啊！你们是兄弟啊！你们是兄弟啊！

[次子之枪已响，洞其兄之胸。]

长子：畜生！（仆倒）

母：啊，你们是兄弟啊！（见他们已倒)啊，宗佑！啊，宗成！可怜的孩子们啊！（哭倒）

（田汉《江村小景》）

这段台词，有很强的动作性，先是哥哥调戏妹妹，然后是哥俩厮杀，

最后是母女绝望地痛哭。在朗读时，不能只读出字音，还要想象其中的动作行为，使台词富有动感，让听者在不了解剧作者提示词的情况下，也能通过听觉理清故事情节。因此我们在处理角色台词的时候，首先就要从人物的语言行动入手，只有把握住人物准确的语言行动，才能把角色的台词说得清楚，让听众听得懂，听得明白。如不抓住人物的语言行动，就是把台词背得滚瓜烂熟，听众也听不懂你在说什么。

五、吃透潜台词，读出其真正内涵

戏剧台词一般有两种表现方式，一种是直抒胸臆，一种是潜台词。直抒胸臆的台词有时通过独白来进行；潜台词包含有复杂、隐秘的未尽之言与言外之意，它可以具体表现为一语双关、欲言又止、意在言外、言简意赅等多种形式。观众能够领悟得到它的含义。潜台词含有丰富的言外之意和未尽之言，准确地传达出人物潜在的心理动机和真正说话目的，形成强烈的戏剧效果。朗读时还要准确把握人物语言当中的潜台词，让听众透过朗读者的声音，听出"言外之意，弦外之音"，明了角色的真情实意，从而吸引和打动观众。

六、领会诗意，读出诗韵

戏剧要在有限的时空条件内通过人物的台词在观众面前树立起鲜明的艺术形象，使观众受到感染，为人物的命运而动心，这就要求剧本的台词具有诗的特质、诗的力量。世界上早期戏剧剧本的台词都是诗体的，例如莎士比亚的《哈姆雷特》的"生存还是毁灭"一段，虽然是人物内心独白，但也同时是散文化的诗歌，语言优美，内涵深邃。再如《威尼斯商人》中鲍西娅劝说夏洛克的一段话："慈悲不是出于勉强，它是像甘霖一样从天上降下尘世；它不但给幸福于受施的人，也同样给幸福于施与的人……谁也没有死后得救的希望；我们既然祈祷着上帝的慈悲，就应该按照祈祷

的指点，自己做一些慈悲的事。"朗读这段台词，可以强烈感受到语言的美感。它用无韵诗体写成，同时又是诗与散文的融合，不仅符合人物的身份和性格，而且切合环境。朗读时可以采用诗体朗读方法，让诗意渗透在台词之中。

第九节　演讲词朗读方法

　　演讲又叫讲演，也叫演说，是指在公众场所发表自己的见解、观点和主张，进行宣传鼓动的一种口语表达方式。人教版中学语文教材选择了《敬业与乐业》《纪念伏尔泰逝世一百周年的演说》，语文版教材选择了《我有个梦想》《你是你的船长》，苏教版教材选取了《在莫泊桑葬礼上的演说》《北京申奥陈述发言两篇》《在萧红墓前的五分钟讲演》等经典演说词。

　　通过演讲词的朗读，可以让学生深入体会演讲语言的力量，学会清楚、连贯、以理服人的表达方法。

一、明确演讲目的，培养朗读欲望

　　演讲者要把课文的思想感情准确地表现出来，需要透过字里行间，弄清演讲的背景、目的，作品的主题和情感基调，理解课文的内在含义，挖掘出演讲作品的内在灵魂，才不会把作品念得支离破碎，甚至歪曲原作的思想内容。然后，要怀着一种想把自己内心的见解和主张急切地表达给听众的心情去朗读。这样的情感就像开闸的洪水，一发不可收拾。例如在朗读苏教版《北京申奥陈述发言两篇》时，若了解当时的申奥背景和各申办国竞争的激烈程度，将有助于明确朗读的目的。这两篇陈述发言，曾以热忱的态度、恳切的言辞获得与会者的一致好评，为中国获得奥运会申办权立下功劳。因此在朗读时，重温胜利前夕紧张的氛

围，体会在国际大会上发言的庄重感觉，确定学习发言的基本方法，朗读的强烈欲望便培养出来了。

二、读出说理过程，以情打动人心

演讲是一种富有说服力和鼓动性的说话方式。演讲者面对着众多的听者，要使其接受演讲的内容，从而影响他们的行为，就必须采用丰富、典型的材料，通过严密的逻辑论证，用富有说服力、鼓动性的艺术化口语打动听者。例如：

我老实告诉你一句话："凡职业都是有趣味的，只要你肯继续做下去，趣味自然会发生。"为什么呢？第一，因为凡一件职业，总有许多层累、曲折，倘能身入其中，看它变化、进展的状态，最为亲切有味。第二，因为每一职业之成就，离不了奋斗；一步一步的奋斗前去，从刻苦中将快乐的分量加增。第三，职业性质，常常要和同业的人比较骈进，好像赛球一般，因竞胜而得快感。第四，专心做一职业时，把许多游思、妄想杜绝了，省却无限闲烦恼。

（梁启超《敬业与乐业》）

这段话通过分析原因，说明"凡职业都是有趣味的，只要你肯继续做下去，趣味自然会发生"。它的特点是论据翔实确凿，论证合理严密，条理清晰分明，因而具有很强的说服力。朗读时要运用逻辑感受，将其中说理的过程、层次给听者展示出来。

朗读演讲词，虽然稿子不是朗读者本人所写，但在朗读时要酝酿情感，使演讲稿成为自己的"话"，其中的感情成为自己的"真感情"。如美国黑人运动领袖马丁·路德·金的《我有一个梦想》，用他的几个"梦想"激发广大的黑人听者的自尊感、自强感，激励他们为"生而平等"而奋斗。因为作者本人深受种族歧视制度的影响，所以感情真实，打动人心。而朗读者在理解、感受作品的同时，还需要将自身融入作品，就像演员一样，首先读懂剧本，然后再入戏。演讲是发自内心的，是一种真实

的、自然的感情流露，朗读者要与作者的情感产生共振，并通过有声语言创作，与听者产生共鸣。

三、借鉴朗读技巧，增加演讲气势

演讲在语音方面的要求比朗读普通课文要高出许多，因为要让现场听者听明白，因此必须做到发音规范、字正腔圆。除了语音基本要求之外，在朗读演讲稿时，还要富有激情，并运用重音、停连、语气、语调和节奏等技巧，为演讲稿增加气势，增添光彩。例如：

这微笑，就是伏尔泰。这微笑有时变成放声大笑，但是，其中蕴涵有哲理的忧伤。对于强者，他是嘲笑者；对于弱者，他是安抚者。他使压迫者不安，使被压迫者安心。以嘲笑对付权贵；以怜悯安抚百姓。啊！我们应为这微笑感动。这微笑里含有黎明的曙光。它照亮真理，正义，仁慈和诚实；它把迷信的内部照得透亮，这样的丑恶看看是有好处的，它让丑恶显示出来。它有光，有催生的能力。新的社会，平等、让步的欲望和这叫做宽容的博爱的开始，相互的善意，给人以相称的权利，承认理智是最高的准则，取消偏见和成见，心灵的安详，宽厚和宽恕的精神，和谐，和平，这些都是从这伟大的微笑中出来的。

（雨果《纪念伏尔泰逝世一百周年的演说》）

这段演讲词，文辞华美，富含哲理。朗读时应充分借鉴朗读技巧，可以按戏剧台词的朗读方法，读出激情洋溢、抑扬顿挫、令人荡气回肠的效果。

四、适度加工改编，使之"上口入耳"

一篇好的演讲稿对朗读者来说要"可讲"，对听者来说应"好听"，因此语言必须"上口入耳"。所谓上口，就是讲起来通达流利；所谓入耳，就是听起来非常顺畅，没有什么语言障碍，不会发生曲解。由于课文

中选取的演讲稿大多是现代文学作品和国外翻译作品，即使是《北京申奥陈述发言两篇》，原稿也是英文，翻译过来后会有一些不太上口的词句，因此可以做适当改编，把长句改成适听的短句，把倒装句改为常规句，把听不明白的文言词语、成语加以改换或删去，把单音节词换成双音节词，把生僻的词换成常用的词，把容易误听的词换成不易误听的词，这样，才能保证讲起来朗朗上口，听起来清楚明白。

五、随行文的推进，变换表达语式

演讲是叙事、说理、抒情等多种形式的结合，所以，朗读演讲词时要采用不同的声音表达技巧。在讲述事例时，可采用亲切、自然的语气、语调；说理时，要采用冷静、克制的语气、语调；抒情部分，可采用高低起伏、抑扬顿挫的语气、语调；鼓励号召时，可通过激越高亢的语气以及反复提升的语调等声音技巧，将演讲推至最高潮。语调的起伏不仅能传达演讲者丰富的感情信息，而且还能使朗诵更生动感人。如果总是用一种平板的语调，不仅朗诵者本身显得无精打采，听者也会很快产生疲倦厌烦的心理。例如何振梁先生的申奥陈述发言，开头要用尊敬、郑重的语气读出称呼语，然后用客观、陈述的语气说明北京主办2008年奥运会的理由："把2008年奥运会的主办权给予北京，将会改变中国的历史，通过运动促进中国和世界的友谊，从而使全人类受益。"接下来，转入深思的语气，语速放缓，音量降低，深情回顾自己爱上奥运精神的历史，音量逐渐升高，讲述自己的奥林匹克梦想。然后热情呼吁评委"选择北京，让十亿人民有机会用他们的创造力和奉献精神为奥林匹克运动服务"。最后一段是庄严郑重的承诺，重音定在"保证"一词，用不容置疑的语气，读出中国人成功举办奥运会的坚定信心。

六、双向交流互动，"讲""演"相互结合

演讲必须面对听者。演讲不同于个别人之间的交谈，是在大庭广众之中，面对听者，就某个问题发表见解和主张。朗读演讲词要面对听者，就要考虑听者的心理，准确地理解听者，并运用各种手段，使听者理解和接受演讲的内容，产生一种欲与演讲者一起行动的想法。因此，朗读时决不能是个人"讲"或"演"的独角戏，而是要心中有"人"，要一直保持着对听者"诉说"的感觉。

既然叫演讲，其中必定要有"演"的成分，语言加上肢体动作才能更好地表达出自己的心情，因此演讲是一种有声语言和体态语言相结合的语言表达方式，有很强的艺术性。朗读时达到背诵的效果最方便"演"，若是较长的稿子，也可以边读边辅助一些简单的手势动作。

第十节　新闻朗读方法

新闻是指报纸、电台、电视台以及网络上经常使用的记录社会、传播信息、反映时代的一种文体。广义的新闻指消息、通讯、报告文学、特写、评论等。这里分析的主要是消息的朗读方法。

近年来，由于新闻文体的时代特色，越来越多的新闻作品被引入中学语文教材，新闻类试题也屡屡出现在中高考的语文试卷之中。加强新闻文体的朗读训练，不仅让学生获得知识，还让学生开阔视野、增进社会意识，也为一些将来从事新闻、播音、编导等专业工作的学生奠定语言基础。

由于新闻文体的特殊性，一些中学语文教师在新闻朗读教学中没有采用合适的朗读方法：要么简单模仿电台、电视台播音员的播报方法，没有读出文章内涵；要么采用记叙文的朗读方法，将消息读得"声情并茂"；要么采取议论文的朗读方法，将通讯读得干巴巴的。其实，根据新闻问题

及结构特点，掌握新闻的朗读技巧，完全可以将新闻读得"恰如其分"。

一、采用新鲜的感觉、客观的态度

初中课文中选取的新闻大多是消息。新闻最大特点是"新"，新闻只有"新"，才能引起听者的注意。因此在朗读新闻时要保持对所读内容的"新鲜感"，准确把握住内容的"新鲜点"，并迅速产生"传播"给听者的强烈欲望，才能读出新闻的新鲜之处。

朗读的态度，就是指在朗读一篇课文时所持的主观倾向性，是肯定的还是否定的，是赞同的还是反对的，是积极的还是消极的等。这种态度在朗读其他文体的课文时一定要特别鲜明地表现出来，但在朗读新闻消息时，却完全相反。因为听者收听新闻消息的目的是为了获得一些新鲜的信息，朗读者只需要把新闻事实叙述清楚，让听者自己去理解，去感受即可，不需要朗读者带着个人明显感情色彩去说教。例如在朗读《中英香港政权交接仪式在港隆重举行》一文时，对大多数中国人来说可能是欢欣鼓舞的大喜事，但对于其他人来说，也许是件悲哀无奈的事件。因此，在朗读新闻的过程中，朗读者必须注意态度的分寸控制。首先，对个人的情感倾向要有所控制。有声语言表达有很多技巧，但是不能像文学艺术作品那样可以有更多的个性化理解和表达，不能有太多主观色彩和太过夸张的处理，要"感而不入"。其次，朗读者要联系背景材料来理解分析，避免态度的"过"和"欠"。例如朗读《中英香港政权交接仪式在港隆重举行》一文时，要联系香港百年来的沧桑经历，明白"香港同胞从此成为这块土地上的真正主人"的含义，有助于朗读者找准播报的着眼点以及感情态度的分寸把握，也有助于听者对新闻事实的理解。最后，朗读时要准确抓住新闻稿件中的"内在语"，努力挖掘语言背后更深一层的意思。例如《人民解放军百万大军横渡长江》中有一句"不料正是汤恩伯到芜湖的那一天，东面防线又被我军突破了"，这句话是对汤恩伯过高估计东面防线的讽刺，朗读时要用嘲讽的语气读出其中的讽刺意味。

朗读者将个人的倾向性隐藏在客观事实背后，在不知不觉中影响听者，才能达到宣传的最佳结果。

二、采用适当的语言表达技巧

1. 音量适中，音色自然

因为新闻消息讲究客观真实，朗读时用实声可以加强新闻的可信性。因此在新闻消息朗读中尽量选用偏实的中音，声音不能挤捏，要松弛、自然。过高的音量或过虚的音色都使得声音显得过假。

2. 语音规范，语义清晰

新闻消息朗读有特定的语言环境，要求语音必须准确、清晰，吐字要颗粒饱满、字字珠玑。尤其是新闻的五个要素——时间（when）、地点（where）、人物（who）、原因（why）、事件（what）（包括经过、结果），更需要读得清清楚楚。只有准确清晰的语音才可能保证所播报内容的准确无误。

3. 连贯流畅，节奏明快

新闻朗读是对新闻事实的客观讲述，在声音技巧的运用上要注意：重音的选择要少而精；句子中间要多连而少停；语势要保持上扬状态，不到结尾不下坠；语句结尾干净利索，不拖泥带水。例如：

二十日夜起，长江北岸人民解放军中路军首先突破安庆、芜湖线，渡至繁昌、铜陵、青阳、荻港、鲁港地区，二十四小时内即已渡过三十万人。

（毛泽东《人民解放军百万大军横渡长江》）

在这句话中，重音只有"中路军"一词，次重音强调"首先"突破，然后将"安庆"与"芜湖"连起来读，其他地名"繁昌、铜陵、青阳、荻港、鲁港"也不要做停顿，连续起来读可以减少语流的断裂感。这些地名在书面语中需要用顿号隔开以示区别，但在有声语言中即使连读也能区分，所以尽量多连少停，以增加语言的流畅度。"二十四小时内即已渡过

三十万人"这句话，不是全文的结束，后面还要讲到"西路军"渡江的情况，因此语调要继续保持上扬趋势，不要下坠，提示听者后面还有更精彩内容。

新闻"快速及时"的特点要求在朗读时要尽量做到节奏明快。在今天这种资讯极其丰富的时代，为了让听众在最短的时间内接受最大量的信息，也要求朗读者要加快语速，做到"快而不乱"。

4. 技巧简洁，朴实大方

朴实大方是对新闻消息朗读风格的概括，与文学作品的朗读风格迥然不同。朗读新闻播报不能太角色化、表演化，必须朴实大方、客观公正。在整体语言面貌和语言技巧运用中，都要体现朴实大方的风格。

三、根据结构特点，采用处理方式

新闻消息一般包括标题、导语、主体、背景和结语五部分。每一部分在新闻中所起的作用不同，朗读的方法也有很大差别。

1. 导语部分的处理

新闻稿件的导语，在有声语言的表达上，具有很重要的作用，它引导听者收听新闻的全部内容，提起听者想了解新闻详细内容的兴趣，以免造成听者的流失。朗读时就要特别注意重音的处理以及语势的起伏。重音一定要精选，切忌太多太杂，因为重音选择太多反而会没有重点。只有找准重音，找准声音的着力点，使整个语句的走势有起伏变化，才能引起听者的兴趣。

2. 新闻层次的分析

新闻的主体部分，是对导语中所提出的最重要、最新鲜的事实作进一步的阐述，使观众对新闻事实有一个完整、具体的认识。因此，只有处理好主体内部的层次和主次，才能把主体部分叙述清楚，让听者能清楚地了解新闻事实，达到宣传的目的。

首先要处理好主体内部的层次关系。要注意层次内部的集中，也就是

我们平时常说的语意要"抱团"，加强句与句之间的关联。另外，还要注意，层次间语气的转换和衔接，避免平直无变化。

其次是对主体部分主次的处理。要注意运用对疏密变化的调节来区分主次，对不重要的内容往往加快速度放平语势，在清楚表达的前提下一带而过；对重要的内容，就要放慢速度扬起语势，加重语气，说透说清，给听者造成一种"反差"以引起他们的关注。

3. 新闻稿件中情节的处理

消息类的稿件主要是用客观叙述的方法及时地传递新闻信息，不同于通讯稿件借鉴文学手法来描绘新闻事实。所以在朗读时，一定要分清消息类和通讯类新闻稿件的朗读样式。在某些消息类稿件中，有对细节的描写，例如：

历史的时钟指在1997年7月1日零点那一刻，大会堂全场肃立，几千双眼睛向鲜艳的五星红旗和紫荆花区旗行注目礼。这是中华民族长久期盼的一个瞬间，这是永载世界史册的一个瞬间。

（《中英香港政权交接仪式在港隆重举行》）

这一段对会堂场景细节的描述，是为了让听者能更详细、真切地了解政权交接过程，不是为了渲染气氛。所以在朗读时，就要把握住"感而不入"的境界，不要陷入特有的情节里不能自拔，而是应该把语气控制在概述的样式中。

第十一节　文言文朗读方法

文言文作为一种定型化的书面语言，沿用了两三千年。从先秦诸子文、两汉辞赋、史传散文，到唐宋古文、明清八股……都属于文言文的范围。清代名臣曾国藩在《家训·字谕纪泽》中说过，名诗美文"非高声朗诵则不能得其雄伟之概，非密咏恬吟则不能探其深远之韵"。这说明朗读在古诗文学习中的巨大作用。《义务教育语文课程标准（2011年版）》在

初中学段的目标中明确提出："诵读古代诗词，阅读浅易文言文，能借助注释和工具书理解基本内容。"这就要求我们在教学过程中一定要重视经典名篇的朗读和背诵指导，加深对文言文的文意理解，培养学生独立阅读和鉴赏浅易文言文的能力。

文言文的朗读与现代文一样要求读准字音、停顿，读出语气、感情，但又有一些特殊要求和基本方法。

一、结合文言基础知识，读准字音字调

文言文的朗读必须和文言基础知识的学习紧密地结合起来，这其中就包括正字正音、辨词析句、层次梳理、文意理解、语言鉴赏等多项文言基础知识的学习。

面对一篇文言文，可以先试读一遍，从中发现读字读音中出现的问题。文言课文中有大量的生僻字、通假字、破读字、古音字，如古人名、古地名、古官职名、古器物名称等。课文中的生僻字词一般都有注释，一些没有注释的字词反而需要格外引起注意。找出其中的规律，才能读准确。常出现的问题有：

1. "破音"异读，即通过改变字音来表示词性和词义的变化。如"陈胜王"中的"王"字，原为名词，这里用作动词，意思是"称王、为王"，所以要读成去声wàng。

2. 通假异读。如"河曲智叟亡以应"中的"亡"，同"无"字，意思为"没有"，因此要读阳平wú。再如《岳阳楼记》中的"属予作文以记之"中的"属"同"嘱"，意为"嘱咐、嘱托"，因此要读为zhǔ。

3. 古音异读。古代的读音与现代有差别，朗读时要按古音来读。如《木兰诗》中的"可汗大点兵"中的"可汗"应该读kèhán。再如《岳阳楼记》中的"浩浩汤汤，横无际涯"中的"汤汤"应读shāngshāng。

二、根据文言句群特点，读清句读

现代书籍中的文言文，为了便于阅读理解，一般都会对其加注标点符号。但是由于文言文行文简练的原因，即使在一个短句子中也会包含多层意思，朗读时需要在适当的地方停顿才能将语意读正确。

1. 根据文意确定停顿。在朗读文言文时，先要结合课文注释，综合课文中已有的标点符号，基本弄清句意、文意，在此基础上细细体会一个长句中哪个词与哪个词该连在一起读，或不该连在一起读，才符合句意、文意。这样就能把握句子内部的自然停顿。例如《扁鹊见蔡桓公》中的"医之好治不病以为功"一句，此句在文中的意思是：医生喜欢给没有大病（的人）治病，把治好"病"作为（自己的）功劳。朗读时应在"不病"后停顿，即"医之好治不病/以为功"，而不能停在"好治"之后。

2. 了解文言文词语特点，读好停顿。现代汉语中的一些双音节词，在文言文里常常是两个单音节词，词义与现代汉语也有所不同。在文言文里，就要将两个单音节词分开来读，而不能错把它们当成一个词来读。例如《曹刿论战》中"可以一战"中的"可以"是两个词，不同于现代汉语的能愿动词"可以"，所以在朗读时应这样停顿："可/以一战"。

3. 借助文言语法知识判断停连位置。在弄懂文言句意的基础上，可以用语法知识去分析句子的结构。先判断一下构成句子的词或短语，在句中各充当什么成分，读出停顿。

（1）主谓之间应稍加停顿，如《出师表》中的"先帝/不以臣卑鄙"，需要在"先帝"后面稍作停顿。

（2）动宾短语中，动宾之间应稍加停顿，如《狼》中的"恐/前后受其敌"应该在动词"恐"之后稍作停顿。

（3）介宾短语后置的文言句式，朗读时，在其前面应稍加停顿，如《出师表》中的"受任/于败军之际，奉命/于危难之间"。

（4）提前的状语，在朗读时应在其后和主语之前稍加停顿，如《出师表》中的"今/天下三分"一句。

（5）在转折连词前一般要稍加停顿。如《狼》中的"后狼止/而前狼又至"，需要在转折连词"而"前面稍作停顿。

4. 除此以外，还有些表议论、推断、反问等语气的句子，句首语气助词、关联词后面应有停顿。

文言文中有一些虚词放在句子的开头，强调语气或领起全句乃至全段，如"至""夫""若夫""盖""故""惟"等，诵读应稍加停顿，不能和后面的文字连接。如《岳阳楼记》中的"若夫/淫雨霏霏，连月不开"，《核舟记》中的"盖/大苏泛赤壁云"，《〈孟子〉二章》中的"故/君子有不战，战必胜矣"，等等。

5. 骈句凡四字句皆两字一顿，相邻两组偶句之间、骈句与散句之间，须作较长停顿，如《岳阳楼记》中的"居庙堂之高／则忧其民，处江湖之远／则忧其君"等。

6. 古代的国号、年号、官职、爵位、地名有特殊读法，朗读前要反复核实，否则易导致朗读停顿错误。如"虞山/王毅叔远甫/刻"，这里"虞山"是山名，"王毅叔远"的意思是姓王名毅字叔远，"甫"是古代对男子的美称。

7. 读骈句，节奏必须整齐划一，凡四字句皆两字一顿，如《岳阳楼记》中的"不以／物喜，不以／己悲"。

三、运用声音技巧，读出文言文韵味

古汉语中的语气同现代汉语一样，有陈述语气、疑问语气、祈使语气、感叹语气，除此之外，文言文还有一些特殊的规律，必须注意声音的圆润、音韵的铿锵、语速的控制、重音的使用和语调的抑扬顿挫等技巧，才能读出文言文特殊的韵味。

1. 语速控制

因为文言文字词句意的高度凝练，它的词汇结构及语法结构与现代汉语有很大的区别。现化汉语的词汇趋于双音化，而古代汉语的词汇绝大多数都是由单音节来承担的，一字一词一义或多义，有很多的词意还发生了变化，并且字词的排列秩序与规律也与现代文有很大差别。若是以现代文的朗读速度去读，有很多意思朗读者不能及时反应过来，因此在朗读时，要将语速适当放慢，给听者一个思考的时间，先让听者听清楚，然后再听明白。

2. 语调起伏

文言文的许多内容都讲求合辙压韵，对仗工整。实际上所谓的音韵就是被音乐化了的语言。它的旋律变化只在语音的四声上，也就是我们平时所说的平上去入四声，旋律非常简单。因此，旧时代的人读文言文时是要唱读的，而且还要摇头晃脑唱。鲁迅先生的散文《从百草园到三味书屋》中就生动地描写过老先生读书的形象。如果用古人传下来的方式去唱读古文，不仅单调乏味，而且没人能听懂。因此，现在朗读文言文，需要根据文章内容的变化，采用多种语调变换方式，才能将文言文读得更有味道，更有波澜。

3. 重音表现

文言文由于文体的特殊，在重音的选择与表现上，比现代文朗读更加复杂，需要根据文章具体内容的语法做出判断。句子中作谓语的动词往往需要重读，如"晋军函陵，秦军氾南"中重读的词语为"军"，表示驻扎的意思；句子中表示性状和程度的状语常常也要重读，如"能面刺寡人之过者，受上赏"中重读的词语应为"面"；表示性状强调的定语要重读，如"据亿丈之城，临不测之渊"中重读的词语应为"亿丈""不测"；表示结果或过程的补语要重读，如"却匈奴七百余里""非抗于九国之师"，其中"七百余里"与"九国之师"都应重读；疑问代词、指示代词常常需要重读，如"当此之时……""此四君者"中"此"要重读。另外，文言文中的虚词一般要轻读，而否定副词"不"、转折连词"而"等

则需重读。

4. 吐字归音

文言文朗读与古诗词朗读一样讲究韵味，朗读时要注意每个字的吐字归音方法，将字音读得立体清晰，圆润饱满。尤其是最能体现韵味的韵尾，可以适度夸张，读出意蕴深长的效果。

由于文言散文又不像诗词用韵那样规范，朗读前一定要了解文言文的语言结构特点，找准用韵规律，然后读出效果。如苏轼的《前赤壁赋》一文，就用韵而言，随着文情的抑扬起伏，文句的整散错落，用韵也时疏时密，有时隔句押韵，有时则三、四句押韵。若句末是虚字，韵脚往往在前一字押韵，如"顺流而东也"和"固一世之雄也"中，句末是"也"字，就在"东"和"雄"两字上押韵。又如："西望夏口，东望武昌，山川相缪，郁乎苍苍，此非孟德之围于周郎者乎？"其中"昌""苍""郎"押韵。朗读时要将其中的"韵"强化、突出出来，才会显得和谐优美，韵味悠长。

第七章　课文朗读的配乐

第一节　音乐的作用

在中学语文教学中，教师和学生经常会使用音乐来配合课文朗读。但是，在为课文朗读选择音乐的时候，若不了解一些音乐的基本知识和配乐方法，就无法使音乐和课文内容完美地结合。配乐不仅不能起到增强语言表现力及作品感染力的艺术效果，反而会起干扰作用，破坏课文想要表达的感情与效果。因此，有必要了解一些音乐常识和配乐知识，帮助我们在为课文选择音乐的时候，避免出现一些违背音乐特性及艺术规律的情况，更好地发挥音乐的特长，让音乐对课文起到烘云托月、锦上添花的作用，使得课文朗读达到更完美的艺术境界。

音乐在课文朗读中所起的作用是配合，不是朗读与音乐的简单叠加，音乐对朗读应起到以下几点作用。

一、营造气氛，激发情感

合适的配乐要为朗读内容创设情境，营造氛围。一旦音乐声响起，就能快速地将朗读者和听众带入意境；当朗读在音乐声中逐渐展开以后，能够营造一个与朗读内容相配合的艺术情境，让朗读者与听众沉浸其中；当朗读结束之后，让朗读的情感节奏与音乐的旋律继续在朗读者和听者耳边及心中萦绕，达到回味无穷、绵绵不绝的艺术效果。例如在朗读课文

《春》时，一开头先在活泼、轻灵的轻音乐中拉开"春"的帷幕，迅速将朗读者和听者带进春天的意境；接着在轻盈、舒缓的音乐声中开始"盼望着、盼望着，东风来了，春天的脚步近了"的朗读：然后在一片欢欣优美的音乐声中带听众"看"到春草、春花、春雨；最后在轻快、上扬的音乐声中读出春天的希望——"领着我们上前去"，读出振奋人心的效果。

从朗读创作的角度来说，精当、贴切的音乐伴奏，不仅仅给听者带来了听觉上的享受，同时也直接影响到朗读者，它能使朗读者的语言表达得到一种情绪上的依托，引起朗读者的兴奋感和创作热情。

二、强化感受，升华主题

配乐时，最好选择与课文主题一致的音乐。因为音乐内涵与课文内容高度吻合，不仅可以提升意境，还能让音乐旋律与课文内容相互映衬，对主题的表达起着推波助澜的作用，进一步深化主题，强化文字在听众心中的感受，产生更强烈的感染作用。如朗读课文《黄河颂》时，选择交响乐《黄河大合唱》主曲就非常合适。这首曲子情感强烈、旋律豪迈、气势磅礴，充分表现了黄河浩浩荡荡、一泻千里的英雄气概，表达对黄河和祖国山河的赞美之情，表明人们不屈不挠坚决保卫黄河、保卫家乡的决心和勇气，与课文内容高度契合。朗读余光中的《乡愁》时，用钢琴曲《月之故乡》就比较合适。因为钢琴作为西洋乐器，与诗人远离故土、人在异乡的身份很协调，而且舒缓、低沉的音乐节奏与课文内容非常相配。当如泣如诉的旋律响起，听者更能感受到思乡的哀愁与无奈。这样的配合使课文与音乐相互呼应，把主题演绎得淋漓尽致。

三、区分层次，强化节奏

许多课文在朗读时，如果单凭朗读者的有声语言，在表现课文情感节奏变化方面，就会显得比较平淡、单调，听者很难区分。如果课文内容很长，

从头至尾都配上同一节奏的音乐，一直平铺直叙，也给人特别单调乏味的感觉。若能加入不同旋律的音乐，可以为课文内容层次的起承转合起到恰到好处的铺垫和补充作用。例如为课文《我用残损的手掌》配乐，主旋律采用低沉、悲伤的大提琴曲，但是中间怀念江南美景一段，可以转换成优美抒情的江南轻音乐。诗歌最后是对共产党领导下的美好中国的向往，可以采用充满希望、昂扬、振奋的交响乐，或者富有陕北地方特色的音乐《延安颂》，点明作者的隐含意味，不仅能够使听众更易于了解课文内涵，而且还将作品的节奏变得更加丰富鲜明。还有一些课文如鲁迅的《故乡》，开头的时候并不配乐，如同进行一段平静的叙述；在回忆童年段落，《月夜》或《小夜曲》音乐响起，展开一幅月光下少年闰土照看瓜地的美景，如同展开了一段朦胧美好的故事一般；但是一到现实，再采用无配乐朗读，将现实的严酷与人情的冷漠表现出来。这样课文的层次感就会特别明显，增强了朗读的艺术效果。

四、补白意境，增加特效

成功的配乐要对课文内容有所补充，使听者更容易进入作品的意境。例如在朗读《我的叔叔于勒》时，大部分可以采用无配乐朗读的形式，但是在读到全家人到海上旅行观光时，可以配上《海之韵》。其中海水的波涛声、海面上海鸟的叫声以及渔港上略显嘈杂的游人喧闹声，一下子便将听者带入海边，与前面室内安静的朗读声形成鲜明对比，不仅让听者产生距离感，而且在此地发现卖牡蛎的叔叔这一情节，就变得极其真实自然。

第二节 音乐的选择

音乐的介入可以为课文朗读提供更大的艺术空间。朗读者要熟读课文内容、正确理解作品思想和感情基调、准确把握作品节奏，然后选择同作品格调相同、节奏相当的音乐。

一、根据课文的风格与意境选择配音乐曲

目前初中语文教材中的课文，风格多样，在朗读配乐选择上，要根据作者国别、写作时代、文章背景、课文内涵与主题选择风格相近的作品。例如中国古典诗歌与古代散文，选择中国风味浓郁的民族音乐比较合适。民族乐器按其演奏方法和性能，可分为吹管乐器、拉弦乐器、弹弦乐器和打击乐器四类，这些乐器独奏风格各异。二胡声音悠长，如泣如诉，适合情绪忧伤的课文；笛子声音清亮婉转，听起来像鸟鸣，适合表现轻盈欢快的节奏；箫声较低沉呜咽，适于表现孤独寂寞的情怀；琵琶声音紧凑，白居易形容说"嘈嘈切切错杂弹，大珠小珠落玉盘"，适于展现激烈高昂的情感。中国民族乐器也能组合成各种形式和乐队进行重奏和合奏，并具有独特而丰富的艺术表现力。像《牧童短笛》就形象地刻画了有中国特色的乡村优美的风光，而《梁祝》是把一个民间爱情故事生动地再现出来。如朗读古诗词《破阵子·醉里挑灯看剑》时，可以选择一些古筝曲来烘托沙场上激烈雄壮的气氛，通过激昂高亢的音乐来表现诗文中所蕴含的主人公的感情，同时也加强听众的亲身体验感，在诗词与乐曲的交汇中去感触、回味，真正领悟到诗词中所包含的思想内容和丰富的情感。而对于《枫桥夜泊》这首诗歌，选择比较流畅、缓和的二胡，可以恰当地表现出现场幽静、冷清的气氛，使听众仿佛身临其境，体会到作者创作时苦闷和孤寂的心情。

经常用于朗读配乐的中国古代名曲有《高山流水》《平沙落雁》《梅花三弄》《夕阳箫鼓》和《阳春白雪》等。

外国音乐在这里主要指的是用西洋乐器演奏的音乐。常用的西洋乐器有木管乐器、铜管乐器、弦乐器、键盘乐器、打击乐器等。木管乐器可作为包含大自然和乡村生活情景的课文的背景音乐；铜管乐器的音色特点是雄壮、辉煌、热烈，可以作为以歌颂赞美为主题的课文的配乐；弦乐器的共同特征是柔美、动听，可用来与节奏舒缓的课文搭配；键盘乐器音域宽广，可以同时发出多个乐音，适合多种节奏类型的课文；打击乐器主要作

用是渲染乐曲气氛，可用于课文开场和高潮段落。

二、根据课文的内容与主题选择音乐

　　课文的内容、思想情感、基调、节奏决定我们选择怎样的音乐。选择的音乐要与文章的主题、感情、基调相一致。与课文题目相同或相近的曲子可以作为首选，一般经常选用的曲子有以下几个类别：

　　1. 歌颂赞美

　　如果课文主题是表达对故乡、对祖国、对河山、对友情或人物丰功伟绩的赞美，例如课文《祖国啊，我亲爱的祖国》《我用残损的手掌》《黄河颂》等，可以选择《祖国颂》《共和国之恋》《红旗颂》《长城谣》《长江之歌》《黄河号子》《大梦敦煌》《同一首歌》《在灿烂阳光下》等乐曲。

　　2. 亲情乡情

　　如果课文内容是思念家乡、怀念父母亲人，例如《乡愁》《背影》《荷叶 母亲》等，可以选择《月之故乡》《思乡》《那就是我》《忆江南》《母亲》《妈妈的歌谣》《大别山》等。

　　3. 自然风光

　　如果课文内容是表现大自然的美，如《春》《济南的冬天》，可以选择《春水》《春天》《春野》《满园春色》《大自然的母亲》《秋菊曲》《荷塘月色》《良宵》《破晓》《日光海岸》《牧歌》《森林狂想曲》《晨光》《初雪》《地球之声》等曲子。

三、根据课文内在情感选择节奏相近的曲子

　　如果音乐题目与课文题目不一致、不相近，可以考虑选择与课文情感节奏相接近的乐曲。下面是几种常见的朗读与音乐节奏搭配类型：

　　1. 低沉凝重型节奏

　　如果课文表达忧伤沉重的情感，如《秋天的怀念》《爸爸的花儿落了》

《我爱这土地》《最后一课》等可以选择《沈园故事》《二泉映月》《悲曲》《哀怨的大提琴》《悲怆的大提琴》《沉重的大提琴》《忧伤的大提琴》《忧郁小夜曲》《孤独的夜晚》等曲子。

2. 轻盈欢快型节奏

如果课文的情感基调轻盈欢快，如《春》《雨说》等，可以选择《步步高》《春舞》《翻身的日子》等乐曲。

3. 悠长舒缓型节奏

如果课文表达的是舒缓的情感，如《社戏》《谈生命》等，可以选择《如歌的行板》《安妮的仙境》《变幻之风》《神秘花园》《水印》《早晨空气》《展翅》《崭新的世界》《最初的雪花》等乐曲。

4. 高亢紧张型节奏

如果课文是热烈赞美、讴歌的感情基调，如《黄河颂》《安塞腰鼓》等，可以选用《百战英雄》《苍龙鼓》《冲天炮》《风雨人生》《千古英雄》《问天》《浩浩乾坤》《最后的倾诉》等曲子。

第三节　配乐的方法

为课文朗读配乐，是一个艺术创作的过程。为朗读作品量身定做的音乐作品，是最高层次的配乐。这类配乐精致完美，但完成周期较长，制作成本高，不是一般的教学能够承受的。在课堂教学中，选择音响播放成品音乐比较简便易行。

一、成品音乐的使用方式

1. 一曲到底式

即选取基调、风格、色彩等大致与朗读作品相适应的乐曲一配到底。这种配乐的方式简便易行，没有很重的色彩，但达不到与课文文字相交融

的地步，只是在一定程度上做到了衬托语言、美化或者丰富听觉的效果。这样的配乐适合表达的情感比较强烈、集中，直接抒发作者胸臆，情绪较少转移的作品，如一般的记叙文和抒情诗。

2. 点面结合式

点面结合式指的是给整篇课文或课文中的部分句段配乐，采用不同的方法，构成一个和谐的整体。

给整篇文章配乐，音乐可分三部：首先是引子，先用一段音乐开场，为朗读做好情绪铺垫。第二是主要部分，过门之后开始朗读，这时的音乐只能作为背景，音量要小。另外，在部分与部分之间、段落与段落之间、层次与层次之间、朗读时会有较长时间的停顿。这时，可通过音乐的一个乐段或几个乐句来填补空白，音量可放大一点，这样不但能很好地表达感情，还能给听众以回味的余地。第三部分是尾声，可采用声乐同时结束的方法，这样结尾干净利落；也可采用声停乐在法，朗读声音结束，可是袅袅的乐曲仍在耳畔，这样结尾耐人寻味，言有尽而意无穷；还可采用乐停声续法，音乐先行渐渐停止，以突出朗读的结尾内容。

给课文的个别句段配乐方式多样。可以在课文的写景抒情段落，选取与课文情感一致的音乐作背景，或者在某些段落如议论、叙述部分，不再配乐。还可以只在有响声、有响动的地方，或情感有变化的地方加些音乐。例如给课文《散步》配乐时，只在描写景物与情感的第四和最后一个段落配乐，选择表现江南自然美景的轻音乐，其他的讲述部分都用清声朗读。这样既表现江南景色的秀丽，也能表现一家人一起散步时其乐融融的美好。当然也可以用音乐作引子，先渲染一家人在田野散步的场景，再用清声讲述下面的内容，结尾配上音乐将主题烘托出来。切不可用一首曲子从头到尾播放，那样令听者分不出感情层次来了。

3. 编辑组合式

即完全根据朗读作品的特点进行配乐构思，虽是从现成的音乐素材中选取片段，但紧扣作品精心剪裁编配，然后形成一个与朗读作品相辅相成的独立的单曲或组曲。经过加工后的乐曲，与朗读作品有了一定的对应

性，音乐与语言基本融为一体，有鲜明的艺术立体感。这样的方法适合节奏变化较多的课文和剧本等，能够展现出作品要表达的形象特征，使其更具有立体感，更加生动有趣。这类配乐实用性较强，适用面较广。

二、配乐音量的控制

在课文朗读配乐中，需要掌握一个基本原则，那就是以朗读为主，音乐为辅。读是目的，乐是手段。音乐只是对朗读内容的衬托和铺垫，切不可喧宾夺主。如果只听见音乐声，而听不见或听不清朗读声，那么这样的配乐就很失败。在具体操作上涉及技术方面的基本问题，特别需要注意两点：

1. 音量比例

总的说来音乐宜轻不宜重，要防止喧宾夺主。在朗读过程中，应当根据朗读者表情达意时声音强弱收放的变化，对音量进行细致入微的随机调节。

2. 曲子转换

要讲究音乐的起止，一般采用渐入和渐隐的方式比较自然，即音乐起时由弱渐强，音乐收时由强减弱，避免突起突收。一般音乐起于朗读语言之前，止于朗读语言之后，并且往往先扬后抑，然后渐渐隐去，给人余味无穷的感觉。

三、配乐的调整

在朗读配乐中，会出现由于现场朗读语速变化，与乐曲不相搭配的状况。若朗读时间长于音乐时间，那么朗读者可对乐曲进行人工延长，重复播放或增加一些适应作品内容的音乐；若朗读的时间少于乐曲的时间，可以对乐曲进行弱化处理，音量渐低然后悄然结束。当朗读内容与乐章所表现的情调不同时，就需要朗读者调节朗读的速度，还可以从中挑一个或者

几个段落作音乐的留白处理。这样，音乐素材的使用就不会捉襟见肘了。其实，音乐的留白不只用于特殊情况，它也是一种艺术手段，具有很强的表现力，尤其为较长篇幅的课文配乐，巧加音乐留白，可以在语言和音乐的分合错落中增加整体的表现力，因此说别具匠心的留白实际上是"无声胜有声"。

第八章　中学语文朗读教学方法

第一节　中学语文朗读教学原则

在中学进行高效率的朗读教学，需要语文教师具备丰厚的学识素养、规范的语音语调、深厚的朗读功力，还要把握好朗读教学的基本原则，采取灵活多样的教学方式。

一、根据教学目标，制订教学方案

朗读和滥读、乱读存在本质的区别，在实施朗读教学计划与方案时，要深入研究中学朗读教学的目标和要求，才能使教学更加科学有序。特级教师余映潮先生在对初中语文教材进行充分的、透彻的研究后，提出以下几方面要求：

首先，对每一册教材中关于朗读教学的内容进行梳理。如第一册是朗读训练的启蒙阶段。重点的训练要求是：正确、清楚、连贯地朗读。

其次，应从文体的角度进行探究。如文言文的教学，义务教材把诵读放在突出地位，并对文言文的诵读要求作了有层次、有系统的安排，如对文言虚词语气的辨别体味；文言句子节奏的处理；文言长句的连续与读断以及修辞语气，等等。

再次，可以从教材的编写者对教材体例的变革进行体味。如《听潮》《变色龙》，为了确保朗读教学，这两课甚至没有设置训练重点和取消了

教读课文的三个层次的练习，目标就是"朗读"。

具体到每节课的朗读，教师也要根据教学进度、教学内容，给学生提出一定的朗读目标和要求。例如学习《事物的正确答案不止一个》时，由于文章的中心论点不易准确地找出，学生对文章的论证思路理解也有些困难，教师可以设计几个问题，让学生带着问题去朗读，在朗读后说出自己的看法，老师再适当加以点拨，学生就能更快地进入朗读情境，感悟文本内涵。

二、把握朗读教学宗旨，发挥主体作用

新课改背景下全面实施素质教育的基本要求是"教师为主导，学生为主体"。在课文教学中，可以借助朗读教学这一方式，让学生参与到课堂活动中来，成为课堂的主角，发挥学生的主体作用。例如在讲授《济南的冬天》这一经典课文时，教师便可将分析语言特色、主题内容、修辞手法等任务分别安排给不同小组或不同学生来完成，让学生通过朗读发现课文的艺术魅力。同时通过教师的引导，使学生对冬天有了更深的热爱，教师再安排学生将"你记忆中的冬天"写成小作文，朗读给大家听。这样教师只是课堂的导演，学生才是真正的主角。

三、运用朗读技巧，注重情感渗透

在课文朗读中，教师要指导学生学会运用外部声音表达技巧，更要注重内心真实感受的体验。例如朗读课文《背影》，教师应重点引导学生理解父亲跨越栅栏等细节的内涵，把握作者四次流泪的情感心理，感受父亲对儿子的一片爱心，体会儿子的自责与愧疚之情。只有借助感情走进作品深处，激发学生强烈的感情，才能真正发挥朗读的作用。

四、区分朗读层次，合理安排进程

朗读过程也不宜过急过快，要根据学生的整体与个体水平差异区分出层次：

最低标准——正确地朗读：普通话语音规范，没有字词障碍。

基本标准——顺畅地朗读：明白作者的思路，朗读语流顺畅。

较高标准——有感情地朗读：理解文章的内涵，朗读声情并茂。

最高标准——传神地朗读：结合自己的体会，读出课文新意。

目前，多数教师都能指导学生朗读到"较高标准"阶段，但是，在新课改的标准下，教师还应该根据学生的实际情况，把握重点，向更高标准迈进，让学生学会创造性地思维，学会如何做人，如何做学问，如何微笑面对生活等，收到品格与思想教育的实效。

五、建全评价体系，记录学生成长

朗读教学中不能忽视朗读评价，完善的评价体系是高效朗读教学的重要组成部分。没有明确的评价标准，虽然听来是书声琅琅，实际效果却不一定理想。朗读教学评价可以采取师生相互评价、成长记录评价和朗读竞赛评价等多种方式。采取鼓励为主与建议完善相结合的原则，让朗读教学体系结合朗读评价变得更加完整。

第二节 中学语文朗读教学方式

在中学语文课堂上，一些学生朗读兴趣不高，朗读效果甚微，这就要求教师在进行朗读教学时，要精心创设朗读情境，采用恰当的教学方式。

一、根据教学目标，采用阶梯形朗读教学方式

根据中学语文教学目标与教学要求，可以分阶段采用阶梯形朗读教学方式，不断提升学生的朗读水平。

第一阶梯是教读，也就是教师教学生应该怎样去读。这里说的教读不是单纯的教师范读，教师还要通过讲解，告诉学生为什么这样读，让学生不仅学会认读生字词，还要明白情感酝酿与声音技巧处理方法，让学生学习模仿，掌握基本的朗读方法。

第二阶梯是研读。教师通过朗读，让学生对课文进行文意理解和文理分析，弄清文章的结构层次，然后研究、体会出这样读的原因。例如课文《我用残损的手掌》朗读前四句时，语速沉重、缓慢，语调深重忧郁；从"这一片湖该是我的家乡"到"江南的水田"一段改变节奏，用虚幻的音色、轻柔的语调，读出江南景色的美好；然后到"只有蓬蒿"再回到低沉、凄凉的节奏上。最后面的诗句改用高昂的语调、热烈的语气，读得热情洋溢，充满希望与力量。通过几种朗读方式的转换，让学生体会诗歌的内涵和诗人感情的层次变化：开头叙述抗日战争时期惨遭侵略者蹂躏的中国，第二部分说明祖国山河的辽阔与美好，第三部分表达诗人对苦难中国的痛惜之情，最后的段落说明中国的希望所在。这样学生很快便理解了课文的内涵。

第三阶梯是品读。品读就是赏析式地读，是朗读教学中一种"美读"方式。通过朗读，让学生品味其中的美感。例如朗读《湖心亭看雪》时，不仅可以让学生体会文章清冷的意境和作者的情感，而且可以品味出"舟中人两三粒而已"中用"粒"字来给"人"作量词的精妙之处，学会运用语言的技巧。

第四阶梯是评读。所谓评读就是对课文进行评点，边评点边朗读。过去在中学语文课堂中，经常采用教师边朗读边评论的方式，其实，还可以让学生朗读边评论。学生评论的内容，可以涉及课文内容、作者情感、表现手法、语言特色等各个方面。例如课文《心声》中，声音沙哑难听

的学生李京京，不仅朗读了课文，而且发出"老天爷，写故事的人真有本事"的感慨。这不仅是作者的语言，也是小主人公发自内心的感受与评论。如果教师能让学生自主朗读，并且把对课文的感受在朗读之后说出来，不仅可以弄清学生对课文的感受是否准确到位，还可以充分锻炼学生的语言表达能力。

第五阶梯是写读。所谓写读，就是在朗读之前或朗读之后进行写作练习。读之前可以对课文进行改写、缩写和扩写，也可以写出朗读构思与设想；朗读之后写出对课文的感悟和朗读评价。例如课文《斑羚飞渡》由于原文有两三千字，朗读时间较长，可以让学生在保留原文最精彩的"飞渡"部分的基础上进行缩写。只要规定朗读时限，便可以让学生根据要求改写成字数不等的"新"课文。通过这样的写读训练，可以增加学生的朗读兴趣，提高读写的双重能力。

第六阶梯是背读，即通过反复深入的朗读，指导学生将原文或是文章中的精华部分全部背诵下来，达到全面吸收消化的目的。在第三届"中语杯"全国青年教师课堂教学展示大赛中获第一名的席慧敏老师，就是通过朗读教学方式讲授了《湖心亭看雪》：第一遍朗读让学生解决字词问题；第二遍朗读让学生体会课文意境；第三遍朗读体会作者感情和课文主旨；第四遍朗读让学生体会作者遣词用句的匠心；第五遍朗读让学生达到全文背诵的效果。通过45分钟的朗读，教师就完成了全部教学目标，让学生在琅琅的读书声中接受了全部知识要点。

二、根据课堂形式，采用不同的朗读训练方式

朗读的教学方式多种多样。从朗读形式上看，有教师范读形式，也可以有学生自由朗读、集体朗读、个别朗读、分角色朗读、学生示范读、男女生对读、小组赛读、接力朗读，等等。从不同的教学目的出发，有感知性朗读、模仿性朗读、熏陶性朗读、体验性朗读、表演性朗读、情感性朗读、竞技性朗读、背诵性朗读等不同的教学活动。下面介绍几种比较高效

的朗读教学方式。

1. 联读

所谓联读，就是将主题相近的课内外文章合在一起进行朗读教学。例如人教版七年级上册中的《春》《风雨》《秋天》和《济南的冬天》分别描述一年四季的风光，可以放在一起进行朗读，让学生感受四季景色不同的美。九年级下册的《乡愁》一文，课后练习选择了席慕蓉的《乡愁》，还可以再配上流沙河的《就是那一只蟋蟀》，让学生一起朗读，深入体会乡愁的滋味。不同年级的课文，只要主题相近，也可以放在一起朗读。

2. 比读

所谓比读，就是将能够进行比较的课文放在一起进行朗读教学。例如人教版八年级下册的《小石潭记》《岳阳楼记》《醉翁亭记》和《满井游记》都是游记，但是这四篇文言文所蕴含的思想感情却有很大差异。《小石潭记》表现了作者被贬官后的愤懑；《岳阳楼记》抒发了"先天下之忧而忧，后天下之乐而乐"的政治抱负；《醉翁亭记》表明了与民同乐的政治理想；《满井游记》表达了对大自然重新焕发生机的喜悦与赞美。通过一组课文的朗读，让学生综合比较四篇课文的写作背景与主题思想，充分体会其中蕴含的情感差异。

3. 演读

所谓演读，就是让学生通过角色扮演来朗读课文的一种形式。这种朗读教学方式在戏剧教学或在人物众多、情节多变的记叙文教学中经常使用，在其他的文体中运用较少。

其实，为达到加深学生对课文的理解与记忆的目的，可以对课文进行大胆改编，使其适合表演朗读。例如说明文《看云识天气》，学生对于不同云朵的特征分不清楚，更不便于掌握，如改编成生动活泼的课本剧，让学生集体参与，分别扮演卷云、卷积云、积云、高积云、卷层云、高层云、雨层云、积雨云等云朵，还可以扮演"晕""华"和"霞"，可以让学生非常鲜明地区分出不同云朵的特点。

4. 接读

所谓接读，就是指在组织朗读教学时，对于篇幅较长的课文，可以让学生进行接力朗读。这样既可以让更多学生参与到朗读活动中，也可以让学生根据各自对课文不同的理解，读出不同的效果。例如，在朗读小说《最后一课》时，由于课文较长，不适合一个学生从头读到尾，可以让一个学生扮演韩麦尔先生，由五六个或者更多学生扮演小弗朗士。虽然每个人都只读了课文的片段，但是因为自己的角色一直在"继续"，所以参与朗读的学生内心情感一直在跟随课文情节的变化而流动，这样更好地抓住学生听读的注意力。而且，这篇课文不仅使一位小弗朗士感受到失去大好学习时光的遗憾，而且让众多的"小弗朗士"受到震撼和教育。这样的解读不仅没有割裂课文，反而使课文的教育范围更广大，教育意义更深远了。

5. 赛读

所谓赛读，就是通过组织朗读比赛，进行朗读教学。这种方式可以激发学生的朗读兴趣，也可以引导学生学会朗读技能与朗读鉴赏，通过比赛深入理解课文，掌握课文知识要点。

三、根据课文文体特点，采用多种朗读教学方法

不同文体的课文，有不同的特点。在进行朗读教学时，要根据不同文体，采用不同方法。

1. 记叙文朗读教学方法

（1）音乐感染法

在语文教学中，教师可以用音乐旋律来营造课文朗读情境，让学生在情境中体悟作者的感情。以朱自清的《春》为例，在朗读课文之前，可以先放一首悠扬的《春之歌》来营造情境，也可边播放音乐边范读，让学生通过音乐感受春天的美好，体会催人向上的精神力量。另外，在学生自行朗读课文时，播放一些轻缓的音乐。学生与音乐相伴，不但不会担心读不

好遭到同桌的嘲笑，而且可以放开身心束缚，尽情朗读。

（2）图画再现法

营造课文朗读的情境，还可采用图画再现法，让学生对文章有直观的观察与感受，使学生深入到文章之中。例如莫怀戚的《散步》中旁白部分较多，人物语言较少，可以将搜集来的图片制作成PPT展示给学生。图片上可以是一个强壮的儿子背着瘦弱的母亲，一个贤淑的母亲背着顽皮的儿子，两个背影以图片的形式直观地呈现在学生眼前，可以触动学生的心灵，便于学生更好地理解课文。

（3）实地体验法

实地体验法是指为了达到既定的教学目的，引入、创造或走进与教学内容相适应的具体场景或氛围，以引起学生的情感体验，帮助学生迅速而正确地理解教学内容。例如在讲授宗璞的《紫藤萝瀑布》时，教师可以带学生到室外参观一次紫藤萝花，就不难理解宗璞在文中所说的"那小小的紫色的花舱，满装生命的酒酿，它张满了帆，在这闪光的花的河流上航行"的意境。采用实地体验法不仅可以提高学生的学习兴趣，加深学生对文章的印象，还可以使学生更好地理解作者的情感。

2. 说明文朗读教学方法

学生一般对说明性文章的朗读兴趣不高，教师必须采用有效的朗读教学方法，才能达到多种学习目的。

（1）配音朗读法

说明文以给人科学知识为目的，所以它以客观介绍为主，朗读方法与电影电视纪录片的解说词读法非常相近。教师可以根据课文内容选择合适的视频材料，也可以让学生自己制作课件，配上音乐，然后进行课文朗读。例如课文《苏州园林》或《故宫博物院》，网上有大量的视频与图片，只需要对课文进行简单的改编，便可以按解说词的方式给视频或图片配上声音。

（2）解说词朗读法

游览名胜古迹，参观文物图片展览，都离不开解说词。有很多说明文

的朗读便适用于这种方法，如《说"屏"》《桥之美》《故宫博物馆》《巍巍中山陵》《凡尔赛宫》等文章。《说"屏"》这篇课文，就可以让学生在文章的基础上根据"屏"的诗意性、作用、大小之分整理自己的解说词。这样不仅读的同学印象深刻，听的同学也能受到感染。

3. 议论文朗读教学方法

（1）演讲式朗读

所谓演讲式朗读，就是运用讲演的方式来朗读议论文。如雨果的《纪念伏尔泰逝世一百周年的演讲》一文，教师可以指导学生用雨果的"稿件"，身临其境地进行"演讲"。课文中"既然黑夜出自王座，就让光明从坟墓中出来"等一些经典词句，以富有激情的呼告方式，可以读出雨果与黑暗专制势不两立、斗争到底的决心和信念。通过这样气势磅礴的朗读，能很快地带领学生进入课文情境，激起学生强烈的感情共鸣。

（2）设置疑问法

议论文中有一些反复描写的词语或段落，在这些反复之处设疑，可以帮助学生更好地理解课文内容。如朗读《中国人失掉自信力了吗》时，文中多次出现"中国人"这一概念：中国人失掉自信力了，中国人现在是在发展着"自欺力"，我们有并不失掉自信心的中国人在，等等。当读到这些句子时，教师可以提出疑问：这所有的"中国人"含义相同吗？如果不同，分别指的是什么？学生可以带着疑问去朗读这几部分，读后说出自己的看法，然后教师再明确其概念，引导学生联系上下文着重朗读这几部分，学生就自然而然地读出了作者的态度与观点。

（3）比较朗读法

即借助不同朗读方式的比较，进行情感、语调、节奏、重音等细节差异的辨析，让学生更好地领悟课文的内涵。例如《应有格物致知精神》中有一句"寻求真理的唯一途径是对事物客观的探索"，有的学生在朗读时可能不明白：为什么"唯一"一词要重读？能否删去？教师可引导学生把这个词删除之后再读，会发现，这个词表示的是要想追求真理，只有对事物进行客观的探索，别无他法。文中还有两段关于实验的内容，教师可以试着删除其中

的一段，再让学生来朗读。通过比较可以发现删除其中任何一段都会使论证显得单薄，学生就会明白这两段分别运用了事例论证和道理论证的方法。

（4）变换顺序朗读法

"变换顺序朗读法"是指变换课文段落顺序进行朗读的方法。如教学《致女儿的信》这篇文章时，在学生熟读课文的基础上，教师可以让学生用变换顺序朗读法来进行朗读。在朗读"什么是爱情？……在上帝创造世界时他就把一切生物分散安置在地上并且教会他们传宗接代，繁衍自己的子孙"这段后接着朗读文章的最后一段："万物生存、繁殖、传宗接代，但只有人才能爱。……"这时学生就自然而然地读出文章前有铺垫，后有暗示，前后对比，更加凸显出人与动物的区别，再联系文章的其他内容，从而体味爱情的真正含义，树立正确的爱情观。

第三节　语文课堂创意朗读方法

在现代语文教学中，要高效利用语文课堂，让学生快速达到朗读的"最高标准"，还需要大力培养学生朗读的兴趣，锻炼学生的思维能力和创造能力，采用更加新颖的创意朗读形式与朗读方法。

创意朗读要求全员参与，小组合作。教师要尽力避免只让少数语文成绩好或者语音条件好、朗读水平高的学生在课堂上"个人表演"，要让每个学生都参与进来，采用小组合作、各自分工的方式，使学生都能够兴趣十足地参与朗读。

在进行课文创意朗读时，教师不要设置太多条条框框，鼓励学生打破习惯模式，勇于创新，大胆改编。这里"改编"不仅仅是课文内容的缩减，包括课文文体、表现形式甚至课文主题等都可以改换，通过朗读表现出新意来。

一、创意节选

就是截取较长课文中适合朗读的片段，然后进行有新意的编排。有些课文篇幅较长，可以选取其中富有表现力又可单独成篇的段落，或者选择其中的起始或高潮部分，这样便于交代背景，朗读时不过于突兀，能够对情感表达有所铺垫，也能把课文中最精彩的片段突出出来。例如讲授小说《蒲柳人家》时，教师只需要来个精彩的开场白，接下来学生便可以用小说连播的方式来讲述其中的人物和故事了：

听众朋友们：大家好！欢迎大家收听小说连播节目，今天给大家演播的是刘绍棠的小说《蒲柳人家》，将由几位播讲人给大家讲述"蒲柳人家"中的主人公何满子、何满子的奶奶、何满子的爷爷以及几位邻居的故事。

二、变换语言方式

有些课文是作者用个人口吻写成的，朗读时形式单调，也不便于小组合作。这样的文章就可以变换形式，采用有更多人参与、也更加活泼生动的形式。例如课文《智取生辰纲》节选自长篇白话小说《水浒传》，而白话小说本来源自民间艺人的说书活动，因此将课文还原为"说话"，教师可以先来个评书的引子：

前书说到"三代将门之后"青面兽杨志"指望把一身本事，边庭上一刀一枪，博个封妻荫子，也与祖宗争口气"，不想命运多舛，先是失陷了"花石纲"，又在盛气之下杀了泼皮牛二，吃了官司，被发配充军。后得梁中书抬举，收在门下，"早晚殷勤听候使唤"。后来梁中书把押运生辰纲的任务交托给他，于是他带着一行人上路了。

接下来让学生轮流上台说书，将后面的故事讲下去。这种方式可以大大增加学生的朗读兴趣。

三、变换文体形式

有些课文，原来的文体形式读起来比较平淡乏味，很难激起学生的朗读欲望。通过形式变换，让学生感觉这种朗读方式在将来的生活和工作中，更有应用性，由此增加朗读兴趣。如将《景泰蓝的制作》《中国石拱桥》《地下森林断想》等文章改成电视纪录片或风光片解说词，将《苏州园林》或《故宫博物院》之类的说明性文章改成导游词等。下面就是学生分小组朗读《苏州园林》时的"导游讲解词"片段：

尊敬的游客朋友们：大家好！

欢迎您来到苏州园林！苏州园林是我国各地园林的标本，各地园林或多或少都受到苏州园林的影响。如果要鉴赏我国的园林，苏州园林一定不能错过。

…………

接下来请大家进入苏州园林内部仔细观赏，由我们各个景点的定点导游员进一步为您讲解苏州园林的特色。

四、改变表达方式

教材中有些说理性课文，只适合默读。为了让中学生更好地理解其中的道理，可以将课文改成说的形式。例如《给女儿的信》本来就是写给女儿的，可以变成说给女儿听的"话"。课文《中国人失掉自信力了吗》稍加变动，就可以改成一篇辩论词，再进行分组朗读。不仅能让学生快速分清课文的段落与层次，而且可以通过双方的辩论读出其中的气势，感受鲁迅先生文笔的"威力"，学会说理的方法。

《中国人失掉自信力了吗》辩论词

主持人开场白：尊敬的各位老师、亲爱的同学们，欢迎您来到辩论会现场！今天的辩题是"中国人失掉自信力了吗"。早在九一八事变三周年之际，就有人散布对抗日前途的悲观论调，指责中国人失掉了自信力。从

公开的文字上看起来：两年以前，我们总自夸着"地大物博"，是事实；不久就不再自夸了，只希望着国联，也是事实；现在是既不夸自己，也不信国联，改为一味求神拜佛，怀古伤今了——却也是事实。于是有人慨叹曰：中国人失掉自信力了。那么，究竟中国人失掉自信力没有？下面听听正反双方同学的看法。

正方一辩：如果单据这一点现象而论，自信其实是早就失掉了的。先前信"地"，信"物"，后来信"国联"，都没有相信过"自己"。假使这也算一种"信"，那也只能说中国人曾经有过"他信力"，自从对国联失望之后，便把这他信力都失掉了。

正方二辩：失掉了他信力，就会疑，一个转身，也许能够只相信了自己，倒是一条新生路，但不幸的是逐渐玄虚起来了。信"地"和"物"还是切实的东西，国联就渺茫，不过这还可以令人不久就省悟到依赖它的不可靠。一到求神拜佛，可就玄虚之至了，有益或是有害，一时就找不出分明的结果来，它可以令人更长久的麻醉着自己。

所以我方认为中国人现在是在发展着"自欺力"。

主持人：刚才正方两位辩手说明了中国人失掉了"他信力"，发展着"自欺力"，但中国人究竟是否失掉了"自信力"？下面再来听听反方同学的陈词。

反方一辩：刚才正方同学说的"自欺"也并非现在的新东西，现在只不过日见其明显，笼罩了一切罢了。然而，在这笼罩之下，我们有并不失掉自信力的中国人在。

我们从古以来，就有埋头苦干的人，有拼命硬干的人，有为民请命的人，有舍身求法的人，……虽是等于为帝王将相作家谱的所谓"正史"，也往往掩不住他们的光耀，这就是中国的脊梁。

反方二辩：这一类的人们，就是现在也何尝少呢？他们有确信，不自欺；他们在前仆后继的战斗，不过一面总在被摧残，被抹杀，消灭于黑暗中，不能为大家所知道罢了。说中国人失掉了自信力，用以指一部分人则可，倘若加于全体，那简直是诬蔑。

主持人：听了双方激烈的辩词，相信同学们对这一问题已经有了比较明晰的看法。要论中国人，必须不被搽在表面的自欺欺人的脂粉所诓骗，却看看他的筋骨和脊梁。自信力的有无，状元宰相的文章是不足为据的，要自己去看地底下。

今天的辩论会到此结束，谢谢大家！

这是学生依据课文内容改成的辩论词，除了开场白和结束语略加改编，主体部分只字未改。这种形式使得这篇议论文变得新颖、时尚，强烈吸引学生听读的注意力，而且还锻炼了学生辩论词写作的技巧与能力。

第九章　经典课文朗读方法

1.《诗经·蒹葭》朗读分析

《蒹葭》选自《诗经》，是2500年前产生在秦地的一首民谣，现在与《关雎》一起被选入人教版初中教材。在教学中若能以诵读的方式，还原其民歌特色，再现作品情境，不仅可以更好地掌握语文知识，还可以为课堂教学注入更为浓烈的人文色彩，在陶冶学生情操、健全学生人格方面发挥特殊作用。

一、深入理解作品内涵，读出诗歌中的意境

《蒹葭》虽是一首民谣，但其中有许多耐人寻味之处。对于其中的"伊人"，有人认为作者在思念恋人，诗的主旨是写爱情；有人说是诗人借怀友讽刺秦襄公不能礼贤下士，致使贤士隐居、不肯出来做官；也有人说作者就是隐士，此诗乃明志之作。朗读者可根据自身的感受与体会自由想象，无论是友人还是爱人，思念的对象可望而不可即，中间阻隔千重，因而思心徘徊，不能自抑而无限惆怅的情怀是一致的。

这首诗每章的开头都采用了赋中见兴的笔法，通过对眼前景色的描写与赞叹，绘出一个空灵缥缈的意境。朗读者要充分体会这种以景托情，移情于景的手法，想象出蒹葭、白露两种最能表现深秋悲凉气氛的自然景物的特征，在内心中建立起真切的视觉想象和微凉的触觉感受，用虚实互变

的音色营造一个缥缈空灵的听觉意境，才能将深秋的景色与诗人凄清、惆怅、寂寥的心境表现出来。

二、运用吐字归音技巧，读出诗歌的韵味

重章叠句、反复吟唱是《诗经》的一个重要特点。该诗四字一句，回环复沓。朗读时要采用鲜明而短促的节奏，形成一唱三叹、余音绕梁的效果。本诗的韵脚是"苍、霜、方、长、央，萋、晞、跻、坻、已、涘、右、沚"。朗读时可将重音压在韵脚，采用舒缓、低沉的语调，将每个字词的吐字、立字、归音三个阶段都读到位，力争吐字清晰，立字饱满，归音到位。尤其是结尾字音"霜、方、长、央"与"晞、跻、坻、已、涘、沚"在归音阶段都可稍稍拖长一点，听起来有缠绵悱恻、回味无穷的感觉。

三、处理好诗中的重点词句，读出诗歌的情感层次

本诗的三个章节只换了几个词儿，内容与首章基本相同，但它体现了诗歌咏唱的音乐特点，增强了韵律的悠扬和谐美，使表达的情感愈来愈强烈。首章的"苍苍"，次章的"萋萋"，末章的"采采"，要分别用加重或降低或变虚等不同的处理方法，把深秋凄凉的气氛渲染得越来越浓。白露"为霜""未晞""未已"也要变换读法，将朝露成霜而又融为秋水的渐变过程表现出来，形象地展示时间发展的轨迹。伊人所在地点"方""湄""涘"与"央""坻""沚"，也都要变换声音的音色、轻重与高低，把诗人从不同的道路和方位，寻找伊人困难重重的情景表现出层次感来。

2.《茅屋为秋风所破歌》朗读分析

《茅屋为秋风所破歌》是我国唐代大诗人杜甫的杂言古体诗，曾入选人教版、苏教版、鲁教版等多种版本的中学语文教材。全诗感情蕴含深厚，基调悲壮沉重，语言形式自由，读来明白晓畅。

杜诗沉郁顿挫的风格，在这首诗中表现得非常鲜明。这首诗作于唐肃宗乾元二年，"安史之乱"尚未平定，社会动荡不安，人民流离失所。诗人仕途受挫，穷困潦倒，好不容易在成都浣花溪畔盖起了一座茅屋，暂时结束了辗转飘零的流浪生活。但是到了八月，秋风大作，掀起屋顶上的茅草，大雨淋漓而至，茅屋摇摇欲坠。诗人由此及彼，想到天下寒士，想到国家忧患，夜不能寐，于是写下了千古传诵之作。朗读时要将基调定为"悲怆慷慨，深沉低回"，读出诗人的悲怆、苦闷。

杜诗格律严整，音韵和谐。这首诗以七言为主，前五句为一节，这五句句句押韵，"号""茅""郊""梢""坳"均押"ao"韵。其他小节不是一韵到底，第二、第三节首位两句韵脚相对应，最后一节前三句都押"an"韵，朗读时要注意韵脚变化，尽量读得流畅自如。

杜诗的叙事性特点，使朗读者可以沿着事件的进展线索，用声音技巧读出诗人的情感变化过程。全诗用四个小节分别写了天气的骤变、被人欺辱后的狼狈、回忆痛苦的经历和抒发自己的感慨。开头五句五个开口呼的平声韵脚，语调由低到高，从高再到低，语速由慢到快，由快再到慢，要读出秋风骤起和卷走茅草的全过程。读"风怒号"三字要提高音量犹如秋风咆哮，一个"怒"字把秋风拟人化，从而使下句不仅富有动作性，而且带有浓烈的感情色彩。"卷"字可以采用加速和重捶的方法来读，以突出风势的浩大与迅猛。

读完恶劣天气之后，诗人又转到自己被人欺辱的场景。开头用舒缓低沉的语气，接着用哭诉的语调进入紧张的节奏。"忍能对面为盗贼"中一个"忍"字音量变大，表现出诗人此时的怒气，接下来节奏变慢，声音越来越低沉，从"公然"到"唇焦口燥"再到"自叹息"，语气逐渐下降，

语速逐渐变慢。"自叹息"可以用颤音和较轻的音量来表现诗人年老多病、体力不支的状态。

第三节作者由天气的变化联想到自己的不幸，开头"俄顷风定云墨色，秋天漠漠向昏黑"奠定了这一小节苦闷的情感基调。"俄顷"应用稍快一点的语调，"漠漠"表现阴沉迷茫的样子，语调应慢一点，低沉一点。下面四句写了多年的苦楚，音量慢慢变大，语气变急，"冷似铁、无干处、未断绝"要重读。然后语速减慢，语调下转，"自经丧乱少睡眠，长夜沾湿何由彻"一句中的"自经"要读出沧桑感，"少"字重读，"何由彻"语速减慢，语气加强。

最后一节为全诗高潮，要加重感情色彩，气势逐渐上升。"安得广厦千万间，大庇天下寒士俱欢颜！风雨不动安如山"要读得稳健有力，气势宏大磅礴，将气氛推向高潮。其中"千万""大庇""俱""安如山"等重音，可分别采用快中显慢、拉长声音、轻中显重的方式变换使用，构成铿锵有力的节奏和奔腾前进的气势，表现诗人内心的激情和希望。"呜呼！"一句慨叹，将音量降下来，语速减慢，语气转向凝重，在"吾庐独破受冻死"之后，略加停顿，然后低沉缓慢地读出"亦足"两字，将诗人忧国忧民的情怀和博大宽广的胸襟表现得淋漓尽致。

3. 《水调歌头·明月几时有》朗读分析

《水调歌头·明月几时有》是北宋著名词人苏轼的中秋望月抒怀之作。作品意境豪放而阔大，情怀乐观而旷达，构思奇拔而独特，语言优美而流畅，是咏月怀人诗词中不可多得的名篇。这首词音韵优美、朗朗上口，通过朗读可以让学生深入体会词中蕴含的情趣与理趣，充分感受作品的韵律美、意境美和风格美。读好这篇作品，应注意以下几点：

第一，要体会作者的内心情感，把握好诗词的朗读基调。

词人原在朝廷做官，由于党派相争被贬为地方官，中秋之夜虽欢饮达

旦，但是难掩内心的失落。加上与其弟苏辙的别离，对亲人无尽的思念，使词人内心充满抑郁惆怅。但是他没有陷在消极悲观的情绪中，而是以超然达观的思想排除郁闷，表现出对人间美好生活的热爱。因此，整篇作品虽然感伤但不悲凉，整体节奏虽然舒缓但不低沉。

第二，运用吐字归音方法，读出词的韵律美。

宋词大多都是可以传唱的，因此在朗读时，要尽量将韵腹读得饱满圆润，吐字清晰，归音到位，将诗词的韵律美体现出来。尤其是词中的韵脚"天、年、寒、间、眠、圆、全、娟"，朗读时对其中的韵腹"a"要有拉开立起之势，稍微加长，然后归音到"n"，将舌位回归到上齿龈的位置，才能将其中的韵味读得绵长悠远，回味无穷。

第三，控制好停连断句的位置，读出词的节律美。

该词的停连断句位置比较有规律，控制好停顿时间，把握好连接的气息，才能做到声断情不断，音断意相连。以下是该词的停连建议：

明月/几时有？把酒/问青天。不知/天上宫阙，今夕/是何年。我欲/乘风归去，又恐/琼楼玉宇，高处/不胜寒。起舞/弄清影，何似/在人间。

转朱阁，低绮户，照/无眠。不应/有恨，何事/长向别时圆？人有/悲欢离合，月有/阴晴圆缺，此事/古难全。但愿/人长久，千里/共婵娟。

第四，用多变的声音技巧表现出词人的情感层次。

全词由思念亲人、仕途失意而迷茫苦闷，而后到豁然开朗，并抱有美好祝愿，因此词的语气语调是逐渐变化的。开篇"明月几时有？"可以用平静、舒缓的语气开始，重点强调"几时"一词。到"把酒问青天"一句，将音量提升，语调拉高，通过向青天发问，把读者的思绪引向广漠的太空。其中的"问"要重读，以突出苏轼把青天当作自己的朋友，把酒相问，显示他豪放的性格和不凡的气魄。"青天"一词语调稍微拉长以增加渺远之感。"不知天上宫阙，今夕是何年"再将语调降低，表现词人思索、徘徊与困惑的心态。读"我欲乘风归去"可再将语调拉高，然后猛然降低，用无可奈何的语气读出"又恐琼楼玉宇，高处不胜寒"两句。词人之所以有这种脱离人世、超越自然的奇想，一方面来自他对宇宙奥秘的好

奇，另一方面更主要的是来自对现实人间的不满。所以此处的"寒"要加入虚声，增加寒意。"起舞弄清影，何似在人间"，一句用虚幻的音色、平缓的语调表现词人月下起舞的情景。"转朱阁，低绮户，照无眠"三句，要降低音量，放慢语速，读出惆怅寂寞之感。"不应有恨，何事长向别时圆"一句突出强调"恨"和"何事"的疑问语气。"人有悲欢离合，月有阴晴圆缺，此事古难全"一句是用一番宽慰的话来为明月开脱。"此事古难全"，从"古"就如此，应重读"古"。用肯定的语气、语调读出洒脱、旷达的襟怀。结尾"但愿人长久，千里共婵娟"是主题句，要提高音量，语调上扬，读出词人对天下人的美好祝愿，让读者走进"共婵娟"的美妙情境中。

4.《沁园春·雪》朗读分析

《沁园春·雪》这首词画面雄伟壮阔，感情炽热奔放，风格壮丽豪迈，颇能代表毛泽东诗词的豪放风格，是中国词坛杰出的咏雪抒怀之作。

了解写作背景及领袖襟怀对朗读好这篇课文至关重要。该词写于1936年2月长征结束不久，毛泽东率红军渡过黄河，准备转往绥远对日作战。在陕西清涧县袁家沟筹划渡河时，突然飘起鹅毛大雪。他登高远望，面对苍茫大地，顶着刺骨寒风，难抑胸中激情。雄伟的长城内外，正是一片战火硝烟。日本人威胁华北，炮口直指平津要地；蒋介石不顾大义，鼓吹"攘外必先安内"，集结了几十万军队围攻红军。而中央红军刚刚到达陕北，人马只剩八千，立足未稳，粮弹奇缺。毛泽东作为红军统帅，面临这样艰难的困局，却写下激情豪迈、气壮山河的《沁园春·雪》。

朗读课文时，要把握住高亢、雄浑的主基调。上阕描绘了一幅辽阔的北国雪景图，开篇"北国风光"要先从平稳处起步，然后语调逐步上扬，气势逐渐推进，由重音"千里"推向高峰直达"万里"。"望长城内外，惟余莽莽；大河上下，顿失滔滔。"一个"望"字统领下文，直至"欲

与天公试比高"句。"望"字要用重插法来强调，并且拉长语音，后面要适当停顿，虽然音停但气息要继续流动，并在朗诵者头脑中展开一幅生动的北国雪景图：长城、黄河、山脉、高原……尤其是"山舞银蛇，原驰蜡象"这些宏大的场景和意象要在朗读者头脑中形象地再现出来。这些壮丽的山河景色激荡着朗诵者的心扉，从而在"欲与天公试比高"句达到声音与情感的高潮。"惟余莽莽""顿失滔滔"两句分别照应"雪飘"与"冰封"。"惟余"二字，要强化白茫茫的壮阔景象。"顿失"二字，要加快语速，加重语音，读出变化之速、寒威之烈。"须晴日，看红妆素裹，分外妖娆"一句要转换情绪，改用柔和的语调，用虚声强调重音"分外"，将"妖娆"两字拉开，展示江山与领袖除"雄伟"之外的另一种风情与襟怀。

"江山如此多娇，引无数英雄竞折腰"这两句是上文写景与下文议论之间的过渡，要用慨叹的语气来总括上片的景色，用冷静、沉思的语调展开对历代英雄的评论，抒发诗人的抱负，使全词浑然一体，给听者严丝合缝、完整无隙的感受。"惜秦皇汉武，略输文采；唐宗宋祖，稍逊风骚。一代天骄，成吉思汗，只识弯弓射大雕"，朗读"惜"字时要饱含惋惜之情，字音拉长，启开后面的七个句子，展开对历代英雄人物的评论。主席对古人的批判在措词上也极有分寸，"略输文采""稍逊风骚"，并不是一概否定，因此要重点读出"略、稍"，不能读得高高在上、超越一切，曲解了作者的本意。至于对成吉思汗的评价，朗读时要欲抑先扬，在起伏的语势中不但有惋惜的意味，而且"只识"二字要带些嘲讽意味。"弯弓射大雕"，要放慢语速、拉开字距，生动传神地表现成吉思汗只恃武功而不知文治的形象。这三组句子句式相同，可以分别采用语调升降对比法来朗读，形成一问一答、起伏有致的声音效果。但三个句子在整体上呈"上山爬坡"之势：音量不断提升，语速不断加快，语气不断推进，语调不断上扬，从而形成排山倒海的气势。

朗读结尾一句前，要停顿一下，转换气息与情绪，也给听者心理上的时空轮回变换感。"俱往矣"三字，要慢速降调，将中国封建社会的历史

一笔带过，转向诗人目前所处的时代。读"数风流人物"时慢慢酝酿情绪，然后突然提高音量、加重语气，读出全词"还看今朝"的主题，将作者坚定的信心和伟大的抱负推向最高点。

5.《我用残损的手掌》朗读分析

《我用残损的手掌》是戴望舒在日寇侵华时期的抒怀之作，入选人教版初中九年级下册语文教材。这首诗饱含感情蕴含深厚，修辞手法多样，节奏变化鲜明，特别适合朗读教学。不仅适合单人朗读，也适合双人或多人集体朗读。

要朗读好这首诗，第一，要充分了解诗的内涵，读出其中的感情和寓意。

戴望舒是现代诗派的代表，因其创作的《雨巷》被广泛传诵而被称为"雨巷诗人"。他早年的诗歌多写个人的孤寂心境，感伤气息较重，因受西方象征派的影响，意象朦胧、含蓄。1939年，在日寇侵略中国步步升级的时候，戴望舒携全家奔赴香港。1942年春，戴望舒因为在报纸上编发宣传抗战的诗歌被日寇逮捕入狱，在狱中受尽酷刑，但始终没有屈服。当他被保释出狱的时候，他由一身的伤痕，联想到祖国河山沦落，写下了这如泣如诉的诗句，抒发了对灾难中的祖国由衷的关切和真挚的热爱，也表达了对中国共产党领导下的解放区的向往。

第二，有准确的位置感和辽阔的视觉想象。

该诗在想象中展开内容。在想象中，诗人的手掌抚过了广大的国土，先是沦陷区的家乡，继而从祖国疆域的北部一直到最南端，最终停留在解放区。朗读时，朗读者要感觉自己不是在平地，而是在空中俯瞰祖国辽阔的疆域，然后伸出巨大的手掌，摩挲祖国的山山水水。朗读者要在想象中再现长白山、黄河、江南、岭南以及解放区的景象，以"手掌"的感觉展示朗读者内心情感的变化。除了找准空间感受，还要有真切的触觉感受。诗中突

出的是"手掌"的触觉，如"凉""冷""细""软"，等等。这样，就把广泛的视觉形象集中起来，使之贯穿在手掌的触觉上，读起来形象真切。

第三，由全诗的情感色彩转化确定朗读节奏变化。

全诗从感情色彩上说，前半部分描绘沦陷区的凄凉景象，朗读时语气应该是凝重低沉的，用深重忧郁的口吻、缓慢的语速，叙述抗日战争时期惨遭侵略者蹂躏的祖国和人民的悲惨命运；诗的中间部分是对家乡与祖国山河的怀念与赞美，节奏是舒缓的，"江南的水田"部分要读得有美感。后半部分描绘解放区那"辽远的一角"，情绪陡然一变，换成高亢向上的节奏，用较快的语速、多扬少抑的语调读出心中渴望的图景。

第四，音韵与重音表达体现诗人内心的悲喜。

这首诗有着较为特别的押韵方式。有时是四行诗句一个韵，有时是两行押一个韵。例如从第五行开始，押韵的字依次是"乡——幛——芳——凉""草——蒿""悴——水""山——暗""抚——乳""掌——望""活——国"。朗读时要注意到这种灵活的用韵方式，既要读出现代诗歌形式的音韵美，又要读出其中情随意迁的律动美。

作者在诗中用大量修饰语来表达情感，如用"残损、冷、彻骨、寂寞、憔悴、阴暗"来写沦陷区，传达出一种忧愤悲苦之情。朗读时要使用轻重、虚实、高低、停连等多种方法来表现这些特殊的重音。如用"残损"一词修饰手掌，既是写实，点明作者在狱中遭受了非人的折磨，又象征祖国山河的破损，因此要用"拉长"与加重法读出"残损"的程度和对"残损"的痛惜。"像恋人的柔发，婴孩手中乳"一句，描写诗人轻抚解放区时的内心感受，"恋人"与"柔"传达出一种纯洁而美好的情愫。"婴孩"与"手中"写出了解放区的亲切和温暖，可以用"渐轻与变虚"法来读。结尾"因为只有那里我们不像牲口一样活，蝼蚁一样死……那里，永恒的中国"是主题句，要将"牲口"与"蝼蚁"重读出来，并且在"那里"后稍加停顿，在"永恒的"后面加长时间停顿，给听者提示后面更重要的中心词，最后加重读音提高音量读出"中国"一词，将对祖国的热切期望表达出来。

6.《再别康桥》朗读分析

　　《再别康桥》是现代诗人徐志摩脍炙人口的诗篇，是新月派诗歌的代表作品。全诗描述了一幅幅流动的画面，将诗人对往昔生活的怀念以及眼前的离愁别绪表现得真挚而隽永。

一、了解康桥背景，体会作者情感

　　康桥即英国剑桥，徐志摩曾在1920年10月至1922年8月间游学于此。正是康河的水，开启了诗人的性灵，焕发了诗人的激情。在这里他还结识了令他一生难以释怀的知音林徽因，因此康桥情结始终贯穿在徐志摩的诗文中。1928年，诗人故地重游。生性敏感柔弱的诗人无法回避回国后的现实：一是当时中国社会所呈现的衰败现状；二是此次出国之前，诗人与陆小曼已然出现了感情危机；三是新月派内部因艺术观念的差异出现了较为明显的裂痕。对比昔日求学时期单纯美好的时光，诗人内心弥漫着淡淡的忧伤，故而康桥也就成为诗人快乐与伤感的载体。

二、了解本诗的结构特点，读出语言的"音乐美"

　　这首诗充分体现了新月诗派的"三美"主张，即绘画美、建筑美、音乐美。每节四句，单行和双行错开一格排列，错落有致，在整齐中又有变化。其中一、三行排在前面，二、四行错低格排列，空一格错落有致；再者一三行短一点，二四行长一点，显示出独特的建筑美。而音乐美是徐志摩最强调的，全诗共七节，每节四行，每行两顿或三顿，不拘一格而又法度严谨，韵式上严守二、四押韵，整诗韵脚分别为"来，彩；娘，漾；摇，草；虹，梦；溯，歌；箫，桥；来，彩"，读起来抑扬顿挫、朗朗上口。首节和末节，语意相似，节奏相同，构成回环呼应的结构形式。在每个单句中用字格式规整，长短富于变化。以"轻轻地我走了"一句为例，

其中"轻轻地"为三字格，"我"是一字格，"走了"是二字格，错落变化，婉转生动。朗读时要用停连与节奏体现出诗句的错落感，让韵律在其中徐行缓步地铺展，使整首诗歌优美的节奏像涟漪般荡漾开来，契合着内容与情感的潮起潮落，呈现出一种独特的音韵美感。

三、声音技巧运用得当，充分展现"内涵美"

朗读时要有丰富的内心视像，将康桥美景在眼前生动形象地展现出来，然后处理好每小节中的重点词句。

第一小节奠定了整首诗的总基调与主旋律，节奏舒缓，语意缠绵，反复出现的"轻轻地"是全段的重音，可用虚声、低调方法表达出来。

接下来的几节，都是诗人对往昔美好生活的回忆，因此在情感上要暂且放下忧伤，转而进入轻柔、优美的意境。到"在星辉斑斓里放歌"几乎忘却了眼前的离别，全身心回到昔日游学时代呼朋唤友、纵情欢歌的境地。因此这几节要让语调逐渐上扬、情感由怀念进入到欢快愉悦的高峰，但语速还要把握在舒缓的总基调上，继续控制词句的停顿与连接。这几节重音多是描写状态的形容词"夕阳中的、油油的、彩虹似的、星辉斑斓"，可分别通过声音的高低、虚实、轻重和快慢变化来表现。

第五节又回到现实，情感也回到惆怅忧伤的主旋律上。"悄悄"要低声轻读，"夏虫也为我沉默，沉默是今晚的康桥"这句诗是情感的高潮，要充分表现徐志摩对康桥的情感，两个"沉默"可以连起来读，既能体现诗句的音韵美，也能传神地表达出人的伤感。

诗歌最后一节不只是首节的重复，也是照应前篇。这段朗读是情感与技巧的升华，在语气上要加重。在朗读"不带走一片云彩"时，要适当放缓语速，在"一片云彩"之前可停顿一下，表达诗人依依不舍之意；把"一"字拖长，以表现诗人无可奈何之情；把"云彩"两字音量降低，诗人内心的惆怅感就淋漓尽致地展现出来了。

7.《天上的街市》朗读分析

《天上的街市》是郭沫若先生早期写的一首抒情诗，曾入选人民教育出版社、上海教育出版社的中学语文教材。全诗内容简洁，意境优美、语言精练，音韵和谐，是一首非常适合朗读的诗歌。

第一，要了解写作目的，读出诗人的真感情。这首诗写于1921年10月，此时"五四"运动的洪波已经消退，大革命的时代尚未到来，中国正处于军阀混战时期，面对半殖民地半封建社会的黑暗现实，郭沫若感到失望和痛苦。他痛恨黑暗的现实，向往光明的未来，在灿烂星空的诱发下，写下了这首充满浪漫色彩的著名诗篇，将现实中不可能实现的美好理想寄托于神秘而又美妙的星空。因此，朗读此诗不仅要感情充沛，形之于色，表之于情，而且还要用明朗的语调把诗人对理想世界的憧憬与渴望，真正融入这首诗中。

第二，控制好停连节拍，读出诗歌的节奏美。全诗的节奏应该是舒缓型，语势多扬少抑，声音柔和清朗，气息平缓，语音连贯，语气转换舒展，给人营造虚幻、柔美，似轻烟飘浮、如水波荡漾的感觉，与全诗向往美好和幸福的主旨相适应。朗读时，还要注意停连位置，例如第一小节"远远的/街灯/明了，好像/闪着/无数的/明星。天上的/明星/现了，好像/点着/无数的/街灯"，这样的停连，规律明显，节奏鲜明，读起来节拍轻盈，朗朗上口。

第三，内心有逼真的视觉想象感受，读出诗的意境美。这首诗"诗中有画，画中有诗"，广阔无穷的天空中，闪闪的星光就像"无数的街灯"，宽阔巨大的银河，变成浅浅的天河，牛郎织女提着流星变作的灯笼骑着牛儿闲游，每一句诗都是一幅美好的画面。朗读者要想象自己身处天上美丽神奇的街市中，眼前要像真的看到诗人描绘的这些美景一般，把自己融于诗中美好的画面里。地上的"街灯"与天上"明星"交相辉映，朗读者只有置身于这亦真亦幻的情景中，才能读出诗中如梦如幻的理想境界。

　　第四，语气语调及重音表达方法要有变化，读出诗中的情感层次。诗歌开头可以采用讲述故事的语气，声音轻，速度慢。"远远的街灯"重音应放在"街灯"上，"明了"则要读得轻快些，以表现出一种惊喜的感情。"好像闪着无数的明星"是一个比喻句，在朗读"好像"时应用舒缓的语调，重音放在"明星"上，因为"明星"和"街灯"是相呼应的。

　　在第二节中，诗人把我们一同带往天上"美丽的街市"，朗读这一节时，音色可以变虚，语调轻缓柔美，"我想"读的时候要拉长一点，停顿一下，重音落在"缥缈"上，表示强调。在朗读"定然有美丽的街市"时，应在"定然"和"有"上用重捶方法加以肯定。这一句是写诗人向往、追求美好的世界，朗读时要提高语调，加强音量。在读"街市上陈列的一些物品"时，可降低音调，放慢速度。"定然是世上没有的珍奇"是对天街的惊叹和赞美，所以朗读时也应该语调上扬，语气坚定，重读"没有"和"珍奇"两词，唤醒人们对美好生活的向往之心。

　　朗读第三节时，要使牛郎织女的故事充满传奇色彩，可以采用一种梦幻、愉悦的语气。在读"你看"时，稍微停顿一下，提醒世人：一幅更加神奇的画面就要展现在你们眼前了。这一节里，重音应放在"天河"上，强调"天河"的真实存在。在读"定然是不甚宽广"时，音量加大一些，采用实声，增强真实性。朗读后两句时，要用欢快、响亮的语调，突出这个传说新的意义。

　　朗读最后一节时，可用缓慢的语速与甜美的音色，表现出一种幸福感。朗读最后两行"不信，请看那朵流星，是他们提着灯笼在走"，语速可以稍微加快，语调微微上扬。但是在读最后一个"走"字时，要将韵腹"o"拉开立起，将韵尾"u"归到圆唇位置，并稍微拉长，使得声音圆润，归音圆满，读出意蕴深长的效果。

8.《我为少男少女们歌唱》朗读分析

《我为少男少女们歌唱》是一首广为流传的抒情诗。诗人面向"少男少女",就是面向祖国的未来和民族的希望。爱国家、爱民族的思想感情,在字里行间闪烁着动人的光彩,至今对青年人、成年人都起着鼓舞人心的作用。全诗基调明朗、语言明快、寓意明了,篇幅长短也适宜朗读。

朗读前先要了解诗歌的写作背景,体会诗人炽烈的情感,酝酿快乐奔放、积极向上的朗读情绪。诗人何其芳早在20世纪30年代初就以绮丽、精致又略带感伤的诗风闻名于世。1938年他告别国统区黑暗、压抑、窒息的旧生活,奔赴当时进步青年心中的圣地延安。在延安,一种与国民党统治区迥异的生活展现在眼前,延安军民的抗日激情和清新的民主气息深深地影响着他,诗人全身心地投入到火热的生活中。他的生活变了,世界观变了,诗风也变了,他情不自禁地要歌唱,要为少男少女们祝福,于是在1942年初,创作了这首脍炙人口的诗篇。

这首诗语言优美,音节自然和谐。诗人几乎不用华丽的辞藻,用的都是极朴素的语言,但表情达意上的恰到好处,行文上的明快流畅,使这些朴素平凡的语言显示出一种清新动人的美感。朗读时要注意认真领会,读出感情,读出节奏,读出内涵。

诗歌第一句可采用"淡入"法:音量渐起、语调渐升、感情逐渐加浓,给听众一个和缓的接受过程。在后面的三个排比句子中,逐渐提高音量,将歌唱的"早晨、希望、未来的事物"逐渐加重语气,通过语调的层层提升,达到情感高潮。在读到第四个排比"正在生长的力量"时,可以把语调再拉回来,语速放慢,重回主旋律,这样形成一唱三叹、回环往复的声音效果。

接下来的两节,感情上热烈奔放起来,声音上可用多种艺术方法来表现。首先要重点强调"飞"字:第一个"飞"用虚声慢速轻读,形成歌声轻扬、四处飘荡的效果,第二个"飞"用实声快速重读,表明歌声停落的位置。下一个长句"所有使我像草一样颤抖过的,快乐或者好的思想,都

变成声音飞到四方八面去吧"尽量采用长气，并将"所有"与"都"重点强调一下，尤其是再次强调"飞"字，与前面的情感与声音形成呼应。

进入"轻轻地从我琴弦上，失掉了成年的忧伤"段落，要转换情感，变化语调。"轻轻地"可以声音轻轻的，但感情深深的。"失掉了成年的忧伤"一句，语速要慢、音量要低，使之成为全诗中唯一一个低缓的"音符"，以减轻通篇大声"歌唱"的单调感。"我重新变得年轻了，我的血流得很快"两句可以猛然变换情感，语气明朗，语调上扬，语速加快，来显示诗人内心深处的激动与喜悦。最后一句"充满梦想"与"充满渴望"，可采用"一高一低"或"一低一高"等不同的语调形式，使声音富于变化，从而形成节奏美感。

9.《理想》朗读分析

《理想》一诗是当代诗人流沙河的作品。该诗内容积极明朗，语言形象生动，句式结构排列特殊，读起来有一种独特的气势和流动的韵律美，既适合单人，也适合双人、四人或多人集体朗读。

这首诗反复运用比喻的修辞手法，形象地说明了理想对人生、对社会的重要性，号召人们树立远大的理想，坚持不懈地为理想而奋斗。全诗共十二节，先总说理想的意义，后分说理想的历史意义、人格意义与人生意义。最后总结理想的实践意义，鼓舞人们树立理想，为理想而奋斗。

因诗歌内容稍长，因此选择首尾两节，中间部分选择了第二、第三、第七节作具体的朗读分析。

在朗读第一节时，要特别控制语速、语调和语句的连接。刚开始第一句"理想是石，敲出星星之火"，语调从低处缓缓上扬；到第二句"理想是火，点燃熄灭的灯"，语速开始加快，语调继续上扬，语气贯通；紧接着推出第三句"理想是灯，照亮夜行的路"，达到高潮；最后一句"理想是路，引你走到黎明"，可以把速度慢下来，语调缓缓降下，为下一节内

容开启帷幕。

第二节内容是两组对比句，朗读时要注意强调"饥寒—温饱、温饱—文明""离乱—安定、安定—繁荣"几个重音，而且需要在朗读相对应的第二个句子时，变换语调，通过语调的一升一降或一降一升来强调二者差异。两个相连的"温饱"和"安定"，虽然分别在诗歌的两行，但是可以连起来读，而且加快语速，形成一波一波连续推进的语流形式，让听者在语句内容上区分清楚，但在声音效果上却连续出击，给人以听觉上的冲击力和震撼力。

第三节中有两个三字句，"贯古今，串未来，莹莹光无尽"和"古照今，今照来，先辈照子孙"，朗读时不可因有逗号在而将语句顿开，应一气贯通到底，将整个句子读完，才有语流上的连续感和气势上的推进感。

第七节是充满逻辑与哲理的分析，朗读时要抓住"如果，只不过，而更多是"几个重要的关联词。第一句可以采用上升的语调，而接下来的第二、第三句要用下降的语调表示肯定。其中的"寂寥"与"酸辛"，可加上些颤音，表示"寂寥"的程度与"酸辛"的无奈。

最后一节鼓舞人们树立理想，为理想而奋斗。因此要改换语气，提高音量，体现作者热情赞美、积极鼓励的态度。开头并列的"理想开花"与"理想抽芽"两句，可以用语调的一升一降区别开来。中间的"请乘理想之马，挥鞭从此起程"可以采用上山式语调，用呼唤号召的语气，读出诗人热切的希望。最后一句"路上春色正好，天上太阳正晴"，先要在朗读者心中形成一幅春光明媚、阳光灿烂的美景，然后把语速放慢，字字加重，把春色的美好读出来，也把作者的殷殷嘱托与期盼之情读出来。

10.《祖国啊，我亲爱的祖国》朗读分析

《祖国啊，我亲爱的祖国》是一首吟唱祖国的经典诗篇，特别适于用朗读教学法来加深学生对课文的感受与理解，也适合单人、双人及多人集

体朗诵表演。

朗读好这首诗，一要了解和体会诗人所处的时代，体会作者的心情与意图。这首诗作于1976年"四五运动"之后，发表于1979年7月。当时，给党和人民带来了深重灾难的"十年浩劫"刚刚结束，诗人舒婷面对凝聚着深重灾难和重获新生的祖国，为个人的不幸而哀伤，为祖国的不幸而痛苦，于是把积郁在心中的复杂情感寓于这首诗歌之中。

二要充分体会本诗的意境与情感氛围。在诗中，"破旧的老水车、熏黑的矿灯、干瘪的稻穗、失修的路基、淤滩上的驳船"等一系列意象，都为我们营造了一种昏暗、低沉的氛围，显示出了中国的破败、荒废与凄凉。在朗读时，声音要平缓低沉，表现出对祖国数百年来落后状况的哀婉叹息。而后面"古莲胚芽、雪白的起跑线、绯红的黎明"等意象，又展现了祖国在灾难后重生的希望，朗读时可以用饱满的气息、高扬的语调，读出祖国的美好和为祖国献身的激情。

三要确定诗歌朗读的节奏。这首诗先抑后扬，呈现出一种由舒缓到急促、由低沉到高亢的复合型节奏。第一节，长句式，多节拍，要读得低沉凝重，仿佛是一首以低音缓起的乐曲，给人一种沉重感。第二节，诗句简短急促，把忧国的情绪强化为深深的悲怆。第三节，诗句拉长，节拍增多，为第四节把全诗推向巅峰创造了条件。第四节，节奏加快，语句相连，加强语言的力度，就把全诗的感情推向高亢与激昂的顶点。

诗歌中每一节都用"祖国啊"来结尾，朗读时要根据小节的情感与节奏，读出不同的效果来。第一节中"祖国啊"用粗重的气息、低沉的语调读出沉重的叹息；第二节中的"祖国啊"语气减轻，语调微微上扬，读出希望初现；第三节中的"祖国啊"要用上扬的语调、满怀希望的语气，读出祖国的美好；最后一节，可以用沉稳的语气，加重音量，读出建设祖国的坚定信心。

四要处理好诗歌中的重音与语调。在本诗中，大多数重音都落在表现事物情态的形容词与副词上，如"我是干瘪的稻穗；是失修的路基；淤滩上的驳船"与"数百年来纺着疲惫的歌"这几句中，重音是"干瘪""失

修""淤滩"与"疲惫"等修饰词，需要重点强调，才能表现出祖国的破败与落后；另外一些表现动作的词语也需要特别强调，如"照你在历史的隧洞里蜗行摸索"中的"蜗行""摸索"，都需要重读。

语调的变化也是朗读本诗时需要处理的重点。例如最后一节中"你以伤痕累累的乳房，喂养了迷惘的我，深思的我，沸腾的我"，其中的三个"我"，可采用"上山式"语调，由低到高，不断上升，表现诗人由迷惘、沉思到行动的情感过程。结尾的"你的富饶、你的荣光、你的自由"，从字面上理解，"富饶"指的是物质上的丰富，"荣光"指的是精神上的荣耀，朗读时应该让语调逐渐升高；而到"自由"一词，虽然它也是精神世界的追求，但从内涵上讲，是在"荣光"之后更深层次的追求，而且该词的意境也更深远、开阔，采用降低语调、放慢语速的读法能够给人更多的沉思与回味，因此用"波峰式"语调来处理更为恰当。

11.《假如生活欺骗了你》朗读分析

《假如生活欺骗了你》是19世纪俄国诗人普希金的作品。这首诗虽然只有短短十行，但是全诗感情热烈深沉，诗句明白晓畅，充满着坚强乐观的情绪和深厚的哲理意味，因此被许多人写在笔记本的首页上，激励自己永不放弃。这首诗通过朗读，可以更深地体会其中的内涵，激发人们对生活的热爱之情和对未来的坚定信心。

这首诗写于普希金因抨击沙皇而被流放的日子里，这是一段极为孤独寂寞的生活。面对十二月党人起义前后剧烈的社会动荡，普希金不仅同火热的斗争相隔绝，而且与众多亲密无间的挚友亲朋相分离，但是他没有丧失希望与斗志，仍执著地追求理想，相信光明必至，正义必胜。邻近庄园奥西波娃一家给诗人愁闷的幽禁生活带来许多温馨和慰藉，普希金为奥西波娃15岁的女儿姬姬写下此诗，并题写在她的纪念册上。诗人当时虽然只有26岁，但是却像一位饱经风霜而又无比温厚的长者，面对一个纯真的

女孩，生怕碰伤这棵稚嫩的幼苗，因此用一种带有预言的口吻来叮咛和勉励。朗读的时候，应结合诗人的心境，采用热忱、坦率的态度，小心叮嘱的口吻，亲切自然的语气，娓娓道来的语调，营造与人倾心对谈的氛围，既真切地表达出诗人的谆谆劝勉之情，也要将诗人高贵、温和、优雅的精神内涵与人格魅力，通过简洁朴素的语言传达到每一个听者的心里。

　　这首诗虽然在情感上没有剧烈的起伏，但是也要读出其中的层次变化。诗的第一句提出一个假设"假如生活欺骗了你"，这一句要以一位饱经沧桑的长者口吻，以关心慈爱的语气读出。后一句"不要悲伤，不要心急"是对第一句设问的回答。朗读时要面对听者提问，答案不要给得太快。可以在读完第一句之后，稍作停顿，再缓缓给出答案。"不要悲伤"要读得掷地有声，因为生活虽然充满苦难，但是不能因此就低下高贵的头颅，不能让悲伤充斥着生活，依然要对明天充满希望。"不要心急"语气比起"不要悲伤"要适当加重，音量略有提高。"忧郁的日子里需要镇静"，朗读时可采用加重读音的方法来强调"镇静"的态度。"相信吧，快乐的日子将会来临"，这一句是对美好未来的强烈期望与憧憬，朗读时要气息饱满，音量提高。"相信吧"一句要用降声调，语气坚定，表现出对未来的坚定信心。"快乐的日子"要读得轻快而充满激情，表现出对美好事物的向往。"将会来临"要读得高亢嘹亮，并且要一个字一个字断开来读，尤其是"来临"要读出它的必然之势，要体现出正义的力量。"心儿永远向着未来，现在却常是忧郁"这一句又是一个新的转折，第一句语调向上，第二句要降下来，表现现实的严酷。接下来"一切都是瞬息，一切都将会过去"，前一句要读得快一点，第二句的"一切"要读得重一些，以表示对未来的坚定信心。"而那过去了的日子"要读得慢一些，平静一些，因为这是在回忆过去，要细细品味。最后一句"将会成为亲切的怀恋"印证了诗句中的结论，要读出其中深长的意味。

12.《海燕》朗读分析

高尔基的《海燕》是一篇散文诗，通过对暴风雨即将来临时的客观景象的生动描绘，深刻反映了俄国大革命前夜"山雨欲来风满楼"的形势，暗示了革命暴风雨即将到来，沙皇专制统治必然崩溃，革命事业必然胜利，歌颂了俄国无产阶级革命先驱者不朽的形象和坚强无畏的战斗精神，号召广大劳动人民积极行动起来，迎接伟大的革命斗争。

要朗读好本作品，第一，要清楚文中要表达的思想情感，明确文中词汇的象征意义。文中海燕象征着坚强无畏、英勇善战的无产阶级革命先驱者；大海及波涛象征着革命高潮中广大人民群众的力量；暴风雨象征着席卷一切反动腐朽势力的革命浪潮；太阳象征光明的未来；狂风、乌云、雷电象征着丑恶而又虚弱的沙皇反动势力；海鸥、海鸭、企鹅象征害怕革命的形形色色的假革命和不革命者。同时，这些象征意义随着形象的发展逐步加深。其中海燕的形象渐趋完整，随着情节的发展愈来愈鲜明突出。这样作品就动态地呈现20世纪初俄国社会的发展趋势，而大海熄灭闪电的情景有力地预示着反动势力的最终结局——那就是灭亡。只有把这些词语的内在象征含义读出来，才能把作者所要表达的思想内涵展示出来。

第二，要把握好作品的基调与节奏。《海燕》既是一首色彩鲜明的抒情诗，也是一幅富有音乐节律和流动感的油画，更是一首情感激越、韵律铿锵、节奏鲜明、气势磅礴的交响乐！因此在朗读时要把握好作品的主旋律：高亢，激越，紧张。可以通过音量的变化、语速的加快、语气的调整使气势达到高潮。但需要注意的是，高亢紧张型的节奏不是一开始就形成的，而是从文章开始"在苍茫的大海上，狂风卷集着乌云"到"乌云越来越暗，越来越低"逐渐推进，到结尾"让暴风雨来得更猛烈些吧！"达到最高潮，形成震撼人心的艺术效果！为了表现高潮部分，文中有几段描写海鸥、海鸭与企鹅的部分，一定放低语调、放缓语速，用这部分的"抑"来突出"海燕"部分的"扬"。对比越鲜明，效果越强烈。如果通篇扬上去，不仅在音量语速上控制不住，而且情感单一，表现乏力。

　　第三，在重音技巧的运用上，采用轻重高低对比法来处理。文中需要强调的重音比较明显，像描摹场景和情态的形容词和副词——"苍茫的""黑色的""高傲的""勇敢的""自由自在的"与"胆怯的""肥胖的""愤怒的""热情的""胜利的""恶狠狠地"等，都需要特别加重语气来强调。

　　第四，在停连技巧上，需要大片段的连接，将气势推向高潮。如"在这叫喊声里，乌云听出愤怒的力量，热情的火焰和胜利的信心"。这句中有三个并列词汇，虽然有逗号隔开，但是连起来一气呵成才更有效果。而在"海燕叫喊着，飞翔着，像黑色的闪电，箭一般地穿过乌云，翅膀掠起波浪的飞沫。……它笑那些乌云，它因为欢乐而号叫"这个段落中，如果能够打破标点符号限制，一鼓作气，将断裂的句子连起来读，将形成语气连贯、势不可当的效果！

　　第五，处理好结尾高潮句。全诗语言充满激情，使人振奋，尤其是结尾"让暴风雨来得更猛烈些吧"既是对革命风暴的期盼、呼唤，又是对广大人民的战斗召唤。在朗读时，可以用最浓烈的情感、最高亢的声音将全文的朗诵推向最高潮！为防止朗诵时感情控制不好出现破音，也可采用低虚声、压低音量加重语气的方法来处理，同样可以达到良好的效果！

13.《安塞腰鼓》朗读分析

　　《安塞腰鼓》是我国当代作家刘成章的一篇抒情散文。文章感情蕴含深厚，修辞手法丰富，节奏变化鲜明，表现方法多样，曾入选人教版、苏教版、鲁教版等多种版本语文教材。

　　作者刘成章是地道的陕北人，独特的地域文化和成长环境深深地影响着作者。20世纪80年代，中国的改革开放正蓬勃发展，作者在感叹时代变革发展的同时，想起家乡气吞山河、洒脱豪迈的安塞腰鼓，难抑心中激动，用饱蘸生命激情的笔调，展现了安塞腰鼓的壮美场面。朗读时不仅要

读出安塞腰鼓宏伟的气势，更要热情讴歌黄土高原人的阳刚之美，讴歌我们奋斗不息的民族精神，讴歌生命中热情奔腾的力量，讴歌人们冲破束缚的强烈愿望。

一、读出地方特色

课文语言富有浓烈的陕北地方特色，如开头"一群茂腾腾的后生"中"后生"读成轻声，便有了纯朴自然的陕北味。文中有许多叠音词，如"茂腾腾"两个"腾"字，要读阴平，第二字要读轻声；"咝溜溜"的两个"溜"要读轻声，最好带上儿化，才能读得轻巧自然、生动传神；而"红豆角角"的第一个"角"读原调，第二个读轻声，才能恰如其分地表现出陕北人的憨厚与朴拙。另外"千里的雷声万里的闪"一句也是典型的陕北民歌风格，要注意语句的停连与气势的铺排渲染，用语调的升降与断句的位置充分将陕北韵味表现出来。

二、确定朗读节奏

这是一篇典型的紧张、高亢型的散文诗，大体以"总—分—总"的结构展开描写，以"静—动—静"的相互转换使上下文前后照应，首尾呼应。开场是一片安静，需要采用平静、舒缓的节奏，从"但是：看！"开始进入激烈紧张的节奏，语速、音量、气势逐渐提升到高潮。从"人，成了茫茫一片；声，成了茫茫一片……"起，要轻读，节奏放慢，给人深思、遐想的空间。从"当它戛然而止的时候"到结尾"耳畔是一声渺远的鸡啼"，由上文的磅礴跃动转换到深幽空寂，增强对比感和时间空间的变换感。

三、注意句式特点

文中为传达奋进、勃发的生命激情，使用连串的短语，甚至两字一顿，频频出击，节奏紧凑，如波涛一般，一浪接一浪，倾泻而出，汪洋四溢。本文排比句较多，不能读得单调平淡。其中"发狠了""忘情了""没命了"是递进关系，语气呈逐步高涨的趋势，情感爆发逐步激烈。"骤雨一样""旋风一样""乱蛙一样""火花一样""斗虎一样"明显是并列关系，可采用"交错型"语调变换方式，使整段语调呈现高低起伏、错落有致的效果，显现出语言铿锵的韵律和磅礴的气势，给人"石破天惊"的艺术冲击。

四、声音技巧多样

文中的重音需采用多种表达方式，例如"茂腾腾"凸显陕北高原儿女的精神风貌，要用重捶方法；"咝溜溜"是烘托寂静氛围的形容词，要用重中见轻法；"呆呆地"看似指腰鼓，实写高原儿女的淳朴憨厚，要用轻读拖长法；"捶起来"和"狂舞"要用重捶重读法突出鼓声的刚劲奔放，豪迈粗犷；鼓声使空气由"冰冷"变"燥热"，使阳光由"恬静"变"飞溅"，使世界由"困倦"变"亢奋"，这些重音可用高低、快慢、虚实等综合变换方法分别强调。

要打破符号限制，根据情感需要确定停连位置。如"愈捶愈烈！痛苦和欢乐，生活和梦幻，摆脱和追求，都在这舞姿和鼓点中，交织！旋转！凝聚！升华！"这句中，三组平行并列的词组，虽然有逗号分隔，但是可以一口气连接在一起，表现生活中诸多追求与矛盾。最后的四个词中间稍微一顿，补足气息，然后一气呵成，采用连贯递进语调，将气势推向最高点。结尾一句"耳畔是一声渺远的鸡啼"，"渺远"之后应有短暂的停顿，但声停气连。"鸡啼"两字放慢语速，降低音量，归音加长，把听者带入前后迥异的深邃、旷远中。

14.《春》朗读分析

朱自清的散文《春》，抓住了春天景物的主要特征，描绘出一幅鸟语花香、生机勃勃的春景图，赞美春天带给人们的希望和力量，激发人们对生活的憧憬与热爱。曾被选入各个版本的中学语文教材，是咏春朗读作品中不可替代的经典名篇。

一、确定轻快的朗读基调

这篇课文处处洋溢着轻松、明快的气息，整个基调是积极、乐观、向上的。朗读节奏应以轻快为主，语调多扬少抑，重音处理多轻少重，整体语速偏快，在表现春草、春雨和春天黄昏的景致时稍微放缓，这样有快有慢，有张有弛，通过声音的抑扬顿挫表现出春天景色的多姿多彩。

二、建立形象的内心感受

朗读时要通过文字在朗读者内心建立起丰富的形象思维与形象感受。春原本是一个抽象的概念，但文章中描绘的"山、水、太阳的脸、小草、春花、春风、春雨"等景色，朗读者要像真的看到一样；对于"新翻的泥土的气息、青草味儿、各种花的香"要有真切的、像闻到的感觉；对于"鸟儿唱出的婉转的曲子、牛背上牧童的短笛"要有清晰的听觉感受；对于小草"偷偷地从土地里钻出来"的情态，以及人们"坐着、躺着、打滚、踢球、赛跑、捉迷藏"的动作要有亲自参与其中的动感体会，并且有细微的"风轻悄悄的，草软绵绵的"的触觉感受。

三、读出文章的情感层次和景物的细微差别

朗读时要读出"盼春、绘春、颂春"的三个感情层次，还要读出

"绘春"中不同景物的细微差别。

文章开篇是对盼春的描写。此时春天尚未来临，人们热切地盼望她的到来，"盼望着，盼望着"这一反复手法的运用将人们渴望的心情描写得淋漓尽致。朗读的时候要注意把握这两个小短句的层次性，中间别做太长的停顿，要用渐强的语气、渐快的语速。前一个"盼望着"要注意气提声低，后一个"盼望着"要比前一个读得更饱满、更急切。"春天的脚步"几个字要快速提起，呈上扬趋势，到"近了"两个字又要慢慢拉开，声音顺势而落、停住，形成落停，读时应重读"来""近"，以喜悦的心情宣告春天真的来了。

"绘春"部分先从草写起，"偷偷地"一词将小草拟人化，可读轻些。"钻"表现小草的顽强力，可重读。"嫩嫩的""绿绿的"写出小草的清新，体现出人们对它的呵护，可读轻些。"一大片一大片满是的"，很是欣喜，强调"满"字，应读重些。随后是人物的活动，朗读时要注意节奏，节奏愈快，就愈能体现出人们在春景中陶醉的情形。"风/轻悄悄的，草/软绵绵的"，应放慢速度，读出在春景中陶醉的情形。接下来读的是"春花"。"桃树、杏树、梨树，你不让我，我不让你，都开满了花赶趟儿。"朗读时抓住拟人的写法，读出其中的情趣。"红的像火，粉的像霞，白的像雪"中间的逗号应连读，读出花儿闹春的气氛。"满是""闹""飞来飞去"，是联想到的图景，应重音轻读，把握住声音的虚实结合。"遍地"应重读，体现出花很多。"还眨呀眨"应带有顽皮的语气，读出小草的可爱。在朗读"春风"部分时，"抚摸"为重音轻读，读出春风的温柔。"风里带来些新翻的泥土的气息，混着青草味儿，还有各种花的香，都在微微润湿的空气里酝酿。"应用舒缓的语气读，读出轻松，读出美好。接下来的几句，语速稍稍加快，"高兴""清脆""宛转""应和""响"为强调性重音，用逐渐变"虚"的音色读出鸟儿、短笛在风中穿透的感觉，把声音传到远处。

绵绵春雨是春天的又一景致，节奏由轻快转为舒缓，为下一段作铺垫。朗读春雨的特色时，用气声托出，要读出烟雨迷蒙的那种情景，三个

比喻"像牛毛，像花针，像细丝"要注意语调的高低起伏。接着又展现了一幅雨夜图，节奏变得更加舒缓，"慢慢""静默"应重音轻读，要突出人们雨中的安静与惬意。

课文最后是"迎春图"。"天上的风筝渐渐多了，地上的孩子也多了"中两个"多"字，一个比一个读得重，传达出人们无限喜悦的心情，春天给所有人带来了希望及青春活力。"舒活舒活筋骨，抖擞抖擞精神"语速快一点，语气要有力。注意"有的是工夫，有的是希望"一句的停连位置，一定要将"有的是"连在一起读，若在"有的"后面断句，将"是工夫、是希望"连在一起，就可能造成歧义了。

文章的最后一段是"颂春"，激励人们开始新的生活，节奏为轻快型，程度依次为轻、中、重。读的时候注意语气色彩应是逐渐加重的。"上/前/去"应一字一顿，语气落到实处，表达出人们珍惜大好春光、努力奋进的精神面貌。

15.《紫藤萝瀑布》朗读分析

《紫藤萝瀑布》是当代女作家宗璞的一篇散文，现被选入人教版语文七年级上册。文章语言生动，意境优美，感情丰富。通过朗读教学，可以使学生深入体会文章中的细节与内涵，引发对生命的思考与感悟，培养乐观、豁达、向上的人生态度。

这篇课文不是一篇单纯的写景散文，其中蕴含的情感非常丰富。本文写于1982年，各行各业重现生机，呈现欣欣向荣的局面。紫藤萝从花儿稀落到毁掉，再到如今枯木逢春、繁花似锦，正是十几年来整个国家命运的写照与象征。写这篇文章时，作者的小弟弟身患绝症。作者眼见自己的亲人将要离世却又无法改变现实，难抑心中的悲痛和无奈。但是看着那盛开的藤萝，作者暂时忘记了痛苦，悟出花和人都会遇到各种各样的不幸，但不能被厄运压倒，要对生命保持坚定的信念，从而振奋精神，积极地面对

未来。作品结尾时写道："我不觉加快了脚步。"正是受到鼓舞重新振作的证据，与开篇的"我不由得停住了脚步"形成对比，说明作者感情发生了巨大变化。

根据作品内容与语言风格，确定全篇的朗读节奏。本文由看花、忆花、思花三部分内容展现了"见到藤萝的震撼、回忆往事的忧伤、感悟生命的永恒"三种情感。朗读节奏以舒缓为主，间以其他节奏。从开头时的低沉忧郁，到"我在开花"时，声音要转入轻快，语调多扬少抑，轻巧明丽，有欢快跳跃感。看花部分以舒缓节奏为主，声音清朗而柔和，气息长缓，语音连贯。从"忽然记起十多年前家门外也曾有过一大株紫藤萝"这部分开始转换成低沉语气。眼前的紫藤萝让作者想起了以前家里的紫藤萝。同样是一种植物命运却如此不同，这也暗示着自己家里的命运和"文革"期间所遭受的迫害。"过了这么多年，藤萝又开花了"暗示着希望出现，"文革"已经结束，生命的希望被重新点燃。声音又转为轻快，"花和人都会遇到各种各样的不幸"是作者在抒发观赏紫藤萝时的内心感受。作者在赏花之后更加坚定了自己的道路，朗读时的语气逐渐变轻快，语调也逐渐上扬，表达出作者情感的巨大变化。

根据作品内容，建立生动形象的视觉与嗅觉感受。这篇散文主要描绘了紫藤萝的形象与味道，朗读者就要在内心建立起逼真的视觉与味觉感受。文中作者将紫藤萝比喻成"瀑布"，朗读者一下子就应联想到那繁茂、壮美的景象，眼前要立即浮现出紫藤萝像瀑布一样垂下来的景象。朗读时用充满喜悦与爱意的语气来读"花朵彼此推着挤着，好不活泼热闹"。读"紫藤萝的香气"不仅要感觉像是闻到花的香气，还要将嗅觉与视觉结合起来，用轻柔的语气读出梦幻般的效果，让紫色瀑布的形象更加具体，让听者的感受更加真实。

文中重音和停连的运用，要变化多样。文章的第一句和最后一句形成鲜明对比，开头"停住了脚步"是被紫藤萝花的旺盛所吸引，结尾"加快了脚步"是被紫藤萝花的生命活力所感染。前者是引起悬念，后者是照应开头，这两句要特别强调突出，达到引起悬念和使主题升华的效果。其中

的"停住"和"加快"都需要重点强调。第一句在"不由得"之后停顿一下，然后可以采用降低音量、放慢语速的方法强调重音"停住"一词，这样可给读者一个反应的时间，也强调了作者动作的"突然"。最后一句中的重音"加快"可以用提高音量、加快语速的方法，与第一句的迟缓、抑郁、突然形成鲜明对比，表现作者经过一番思索之后，对生命、对未来充满信心与希望。

在语句停连上，要打破标点符号限制，根据表达需要确定停连位置。例如"只是深深浅浅的紫，仿佛在流动，在欢笑，在不停地生长"这句话中，有三组平行并列的词组，虽然有逗号分隔，但是可以一口气连接在一起来读，充分表现出花的繁茂与生机盎然。

16.《背影》朗读分析

《背影》是朱自清的一篇纪实性散文。自1925年问世以来，受到读者和文学评论者的交口称赞，多次入选中学语文教材。通过朗读教学方式，最易让学生体会简单、朴素的文字背后蕴含的浓浓亲情。

这篇散文情感丰富细腻，是舒缓与低沉并存的朗读节奏。文中四次出现"背影"，感情蕴涵一次比一次沉重内敛。文章一开始，作者就以"我与父亲不相见二年余了，我最不能忘记的是他的背影"定下一种缠绵哀伤的情感基调，这时朗读者的内心情感是"思念"。第二次写背影，是在车站送别时，父亲爬过铁道为儿子买橘子。这时朗读者内心的情感是"感动"。第三次写背影是在父亲和儿子告别后，儿子望着父亲的背影在人群中逐渐消失，这时朗读者内心的情感是"惆怅"。第四次写背影是在文章结尾，儿子读着父亲的来信，泪光中再次浮现父亲的背影。这里的文字虽与开头呼应，但情感却有很大不同，其中不仅仅有思念，还有懊悔、心酸与无奈等多种复杂情感交织其中。

这篇课文的语言脱去一般散文的浮华之气，显得平淡而朴实。但在朗

读时若继续用平淡的语气与平实的声音，很难表现出文字中蕴含的真挚情感。必须在重音、停连及语调的使用上运用细致的表达方法，才不显得虚浮夸张。例如课文中父亲决定送"我"去浦口车站时，他只说"不要紧，他们去不好"，这"不好"两字虽是重音，但可采用多种方法，表现父亲复杂的心绪。下文的"嘱托、又嘱托"可以用重捶法体现出父亲对"我"的关怀爱护；"那时真是太聪明了"，其中的"太"字需要重读，用以衬托"聪明"一词，读出自我讽刺意味；文中经典句子"我看见他戴着黑布小帽，穿着黑布大马褂，深青布棉袍，蹒跚地走到铁道边，慢慢探身下去"，朗读时可用分合性停连，构成"分—合"结构，在"他"字之后略加停顿，后面的动作连续起来读，可以更明显地表现语意。

课文中有"三处写眼泪"，这是表现情感高潮的句子，要进行特别处理。第一次作者到徐州见着父亲，看见满院狼藉，又想起祖母，"不禁簌簌地流下眼泪"，朗读时要用重音强调"簌簌"一词，读出作者年轻时初遇家境变故、亲人离去时的悲伤。第二次，看到父亲买橘子时的背影，作者内心受到强烈震撼，但是在大庭广众之下，表现方式含蓄了很多。可以在"我的眼泪"后，稍作停顿，然后再缓缓读出"又来了"，表现作者隐忍的感动与哀伤。最后一段是读了父亲的来信，"在晶莹的泪光中，又看见那肥胖的、青布棉袍黑布马褂的背影。唉！我不知何时再能与他相见"。可以慢读"晶莹"，重读"又"字，表现作者难以抑制的悲伤情怀，用长音逐渐降低音量，音色由实变虚，把听者再次带入父亲背影的虚幻情境中。最后一句是重重的叹息，用缓慢的语速，慢慢拉升语调读出"我不知何时"，然后在"再能"上保持平直语调，接下来可以长时间停顿，但要注意声断意不断，音断情相连，让语气继续流动，然后一字一顿慢慢读出"与他相见"四字，最后采用缓收的处理方法，"见"字要慢吐字、慢归音，将作者内心的痛楚与无奈全部宣泄出来。

17.《社戏》朗读分析

《社戏》是鲁迅先生以少年时代的生活经历为素材，用第一人称写了童年时看社戏的经历，充满诗情与童趣。这篇小说曾入选人教版、苏教版、北师大版等多种版本的语文教材，成为几代人少年时期的美好回忆。

一、读出课文的风格美

鲁迅的文章一直以冷傲讽刺的文笔见长，而小说《社戏》的风格却迥然不同，别有一番特色。这篇小说回忆故乡的美好景色，描写儿时有趣的经历，因此从整体上首先应该把握轻快的基调，运用气慢声柔的语气来表达对童年往事的怀念之情和在江南水乡游玩时的喜悦之情。其次把握舒缓的朗读节奏，声音力度多轻少重，顿挫较少且时间短暂，语速舒缓，语气悠长，充满虚幻，又略带一点淡淡的伤感。

二、读出江南水乡的景色美

课文中有大段的景色描写，朗读时要有鲜明的内心感受，把江南水乡优美的自然风光，在心中变换成一幅幅优美而恬淡的中国画，然后采用舒缓的声音节奏，将这一幅幅立体的画面向听者徐徐展开。首先，写上船时愉快心情的部分应该轻快地读出，体现出孩子们看社戏前的急不可耐。接着分别通过视觉、嗅觉、听觉等感觉器官读出"我"的感受："两岸的豆麦和河底的水草所发散出来的清香，夹杂在水气中扑面的吹来"需要调动嗅觉感受；"月色朦胧在这水气里"需要用逼真的视觉感受，用悠扬、温婉、低缓的语气读出虚幻、静谧的环境效果；"淡黑起伏的连山，仿佛是踊跃的铁的兽脊似的，都远远的向船尾跑去了"需要调动运动行进的感受，以缓慢的语速反衬船滑行时的速度之快；"那声音大概是横笛，宛转，悠扬，使我的心也沉静"需要调动听觉感受，有侧耳倾听的内心状态，压低

声音，放缓语速，读出悠扬的笛声在水面上缓缓传来的效果，让听者身历其境，充满怀念和向往之情。

三、读出课文情节的趣味性

《社戏》通过"我"和伙伴们夏夜行船、船头看戏、月下归航、船上煮豆、事后耍赖等情节，展示了"我"的一段天真烂漫、童趣盎然的江南水乡生活经历，刻画了一群农家少年善良、淳朴、无私、友爱的形象。"偷吃罗汉豆"这一情节描写得极为形象生动，看戏看乏了，归途中孩子们寻找乐趣，几个孩子上岸偷豆，回船上煮豆，整个氛围是轻松欢乐的，朗读时要用轻快略带紧张感的语气讲述故事。如读大家都"跳"上岸，阿发要看看谁家的大再偷谁家的，一点"私念"都没有。双喜以为再多偷会给阿发娘发现，便让大家到六一公公家"各偷了一大捧"，读这段时，要降低音量，加快语速，既读出孩子们偷东西时的紧张，又读出孩子们的天真、淳朴与机灵。

四、读出人物语言的个性特点

这篇小说虽是以叙述描写为主，但其中几段人物对话也极其传神，朗读时要读出不同人物的个性特点，读出对话的趣味性。例如偷豆一段中的对话，双喜先跳上去，在岸上说："阿阿，阿发，这边是你家的，这边是老六一家的，我们偷那一边的呢？"阿发一面跳，一面说："且慢，让我来看一看罢……"他于是往来地摸了一回，直起身来说道："偷我们的罢，我们的大得多呢。"朗读双喜的"发问"时，要用虚声，降低音量，又略带点结巴，表现农村少年"偷东西"时的紧张、心虚与充满期待的神态；读阿发的话，可以稳定从容，音量略高，读出阿发的淳朴与无私。结尾作者与六一公公的对话更加有趣。先是要读出六一公公斥责的语气，但读"你们这班小鬼"要隐含怜爱。六一公公看见"我"之

后，便要改换语气，非常客气地问"豆可中吃"。听到"我"的赞扬，六一公公激动起来，接下来的几句话要读得情真意切，气满声高，把一个乡下老头受到赞扬时的得意神态活灵活现地表达出来。

18.《我的叔叔于勒》朗读分析

《我的叔叔于勒》是法国著名小说家莫泊桑的一篇批判现实主义文学名作。小说通过菲利普夫妇对待亲兄弟于勒的态度，揭示并讽刺了阶级社会中人与人之间的金钱关系。这不仅在过去、在国外，即使在现在、在国内，也是一个深刻的社会问题。《我的叔叔于勒》从20世纪20年代被介绍到中国，多次入选中学语文教材。对这篇小说的解读，由于社会意识形态的变迁，也呈现出不同的风貌，现在进入到多元化解读时期，因此对这篇课文的朗读也进入多元化表达阶段。

一、根据小说的结构特点，确定情感变化方向

课文围绕于勒的命运构成了情节的开端、发展、高潮与结局。朗读这篇课文时，也要按照故事情节的发展，将内心情感与声音表达确定为四个阶段：

朗读故事的开端时可以采用平实的语气、平稳的语调来叙述故事发生的地点，平静地讲述几件琐细的小事，初步揭示人物爱慕虚荣的性格特征。对于听者来说，于勒到底是怎样一个人，他与菲利普一家有着怎样的关系，于勒最后回来了没有，要在朗读的语气中给听者留下悬念。

第二阶段要用热烈的语气讲述全家急切盼望他归来的原因。对于于勒的两封信，可以用夸张的语调来读，一点点铺排渲染于勒的"美好形象"。当于勒的信促成女儿的婚事时，于勒在菲利普夫妇心目中达到了可敬可爱的顶点。这几个层次，可以采用不断加高的音量、不断上扬的语

调、不断变虚的音色、将全家人对于勒的希望升到极点，为下文于勒跌入社会"底舱"，受到"诅咒"埋下伏笔，做好铺垫。

第三阶段是故事的高潮，一家人在船上巧遇已经沦为穷水手的于勒。需要朗读者将朗读节奏逐步加紧，运用多种声音技巧来表现出人意料的情节变化过程。

最后是小说的结尾部分，朗读重新转为平稳叙述，语速减慢，用凄凉的语气告诉人们故事的结局，用意味深长的声音表现出对冷酷现实的讽喻意义。

二、根据小说人物的特点，采用多样的声音技巧

这篇小说中，人物的语言变化非常明显，朗读的时候要采用多样的语气语调，才能细腻地表达出人物的内心状态。例如在故事的高潮阶段，菲利普夫人听丈夫说那个卖牡蛎的穷水手好像是于勒时，可以用"粘连"的声音，吞吞吐吐地责怪丈夫："你疯了！既然你知道不是他，为什么这样胡说八道？"以表现菲利普夫人内心的紧张与不情愿。当她亲自看清楚那卖牡蛎的果真是于勒以后，改用惊恐的语调，哆嗦的声音，略带一些虚声，显示菲利普夫人内心还残存一线希望。等丈夫确认那个人真的是于勒时，菲利普夫人旧怨新恨一齐发作，破口大骂，这时可以用粗重的气息、升高的音量来表达她的暴怒。这样朗读，人物的性格特征，就随着语言变化而展露无遗了。

三、读出课文中的反语含义和讽刺意义

朗读出课文文字的丰富含义，是我们读好这篇批判现实主义作品的又一关键。朗读时要采用含蓄的语气，用声音技巧读出其中的讽刺意味。例如课文中有一句"我的叔叔，父亲的弟弟，我的亲叔叔"，从字面的人物关系看，"我的叔叔"也就是"父亲的弟弟"，意思没有什么不同，是

语意上的重复，尤其是与第三句"我的亲叔叔"只差一个字。但是这句话含义极其丰富，反映了"我"对处于贫困状态的于勒叔叔的深切同情，以及对父母六亲不认的困惑、苦闷及不满。因此朗读"我的叔叔"可以采用正常音量和平常语气，但是"父亲的弟弟"要提高音量，拉升语调。最后"我的亲叔叔"要特别加重语气，突出一个"亲"字，就使得后两句与第一句迥然不同，饱含讥讽意味，使平稳的叙述具有了强烈的讽刺与深刻的揭露意义。

19.《最后一课》朗读分析

《最后一课》是法国19世纪著名的现实主义小说家都德的一篇小说。自1912年被首次翻译介绍到中国，成为在中国家喻户晓、最具群众基础的法国文学名篇之一，作为"爱国主义"的符号，融入近代中国人百年的情感之中。在教这篇课文时，教师可以通过多种形式的朗读，让学生深刻体会其中的爱国情感，珍惜学习祖国语言的机会。

要朗读好这篇课文，第一，要了解《最后一课》的写作背景，充分体会作者蕴含在文中的情感。

1870年7月，法国首先向普鲁士宣战。9月，色当一役，法军大败，拿破仑三世被俘，普鲁士军队长驱直入，占领了法国三分之一以上的土地。这时，对法国来说，战争是为了自卫。面对普鲁士军队的烧杀掠夺，法国人民同仇敌忾，抗击敌人。都德选择的是集中表现了这一历史事件的生活片段，通过描写最后一堂法文课的情景，刻画了小学生小弗郎士和法语教师韩麦尔先生的形象，反映了法国人民深厚的爱国感情。

第二，确定全篇的朗读节奏，读出文中的"内在语"。

该篇课文以"开端—发展—高潮—结局"的结构展开叙述，结尾在巨大的悲痛中结束。文章的主题比较沉重，朗读时就要采用低沉型的节奏：语气较为沉重，声音强而有力，语调多抑少扬。为了衬托结尾的伤感，可

以采用欲抑先扬的朗读方法。开篇要以轻松、闲适、轻快的语调来表现，如文章开头描写天气的语句"天气那么暖和，那么晴朗"要读得柔和轻快，但又不是彻底轻松自如，在朗读者的内心要有巨大的潜流，因为风雨即将来临。后面随着情节展开，语调逐渐变得缓慢低沉，到结尾韩麦尔先生讲话时悲伤的情感达到高潮。

第三，根据文章的线索走向，读出"我"的细微情感变化。

本文是以小弗朗士的视角来写人论事的，以小弗朗士的见闻和感受为线索，按上学路上、上课、散学的顺序来安排情节，突出表现了小弗朗士的思想感情变化。朗读的时候，一定要依据课文中系列心理活动的描写，运用语调的变化，让听者感觉到主人公性格的明显发展：由贪玩变得愿意用心学习；由对祖国命运的蒙昧无知发展为对国土沦陷十分伤感和激发起强烈的爱国热情；由对老师的抱怨变得充满感情、依依不舍。

课文结尾是小说的高潮阶段，朗读时要集中声音力量塑造韩麦尔先生崇高的形象。韩麦尔说的两个"我——"要重点表现。说出第一个"我"后，由于感情激动，韩麦尔已经语塞，但他还努力想再说出一个"我"字，却更加哽咽了。朗读时，可以使用特殊表现技法，让声音颤抖粘连，使人感觉到他已悲痛失声，仿佛还能听见他那压抑的啜泣。接下来，要用重音突出一连串有力的动作，在"写了两个大字"后面，是一个感情停顿，然后，好像目光正随着韩麦尔的粉笔在移动那样，用较强的力度和较高的语调，读出韩麦尔发自心底的最强音："法/兰/西/万——岁！"这句话语气要加重，语调要愈来愈高，形成震动感和爆发感。最后一句"散学了，——你们走吧"，这是由手势表达的"无声的告别"，朗读时声音低沉，激情内敛，要读出韩麦尔先生对入侵者剥夺他们教授祖国语言权利的控诉，而且在"你们"之后，可以用长时间停顿，再无可奈何地读出"走"字，以表达出他对现实的无奈，以及对祖国和学生难以割舍的深情。

20.《香菱学诗》朗读分析

《香菱学诗》选自《红楼梦》第四十八回，是大多数中学生接触《红楼梦》的一方"天窗"。香菱学诗片段，人物性格多样，语言精妙。教学时可以让学生进行创意朗读或课本剧表演，以领略《红楼梦》的内涵和语言，从而激发学生对古典文学名著的兴趣。

一、根据情节变化确定朗读节奏

小说以曲折的情节来吸引人，朗读时也要把握好故事情节变化的节点。香菱学诗，大致可以分为三个步骤：先是拜黛玉为师，并在黛玉的指导下细细品味王维的诗；其次是一边读杜甫的诗，一边尝试作诗；最后是经历了两次失败，第三次终于成功。第一部分香菱拜师是比较轻松自然的气氛，所以朗读时可活泼流畅一些，读出轻松自在之感。第二部分节奏区分较明显，香菱读过杜诗后有自己的见解，这其中包含了喜悦之情，但同时又很谦逊，表达自己观点时直率大胆而不失礼节，朗读时可加快节奏。第三部分较为曲折，经历了两次失败与最后的成功，朗读时节奏起伏明显，要把香菱的痴迷与专心读出来。

二、语气、语调与人物身份相符

全篇对话居多，而且是同龄人之间的谈话。朗读时的语气、语调要符合文中人物的身份、地位以及性格特征。香菱聪慧灵秀，但自幼被拐，十几岁时被薛蟠强买为妾，后被正妻夏金桂欺侮。朗读她的语言时要用谦卑、隐忍而又活泼的语气。例如香菱在向黛玉求学时说："我这一进来了，也得了空儿，好歹教给我作诗，就是我的造化了！"作为下人，香菱的言语中要有谦卑恭敬，还应带些撒娇调笑的语气，比较符合她的身份和性格特点。黛玉年幼时双亲离去，加之生性敏感，总有寄人篱下的感觉。她虽

性情孤僻，喜散不喜聚，却也有热情大度的一面，在香菱学诗片段就表现得非常平易随和。因此朗读时黛玉的语气总体上应该是抑郁、沉稳稍带病态与酸气，但在具体话语中也有坦率、热情，甚至小女儿娇俏的一面。例如黛玉在回答香菱的要求时说，"既要作诗，你就拜我为师。我虽不通，大略也还教得起你"，这两句话要读出黛玉随性平易的个性，再添些得意的"酸气"，才不失小姐的身份。朗读宝钗的对话时应该用大气、温婉、和善的语气、语调。例如宝钗看香菱梦中作诗，连忙唤醒了他问道："得了什么？你这诚心都通了仙了。学不成诗，还弄出病来呢。"这句话在朗读时，要准确拿捏此种感情。前半句语调应该上扬，稍微带些揶揄取笑的语气；后半句是宝钗对香菱的担心，要用真切的语气、下降的语调来表现宝钗的关心与无奈。读到宝钗与宝玉的对话时还要有含义丰富的"内在语"。如宝钗听到宝玉表扬香菱后立刻接上一句："你能够像他这苦心就好了，学什么有个不成的。"这句话应该以规劝的口气、上扬的语调来"肯定地反问"，将话说得"话中有话，意味深长"。另外，文中宝玉的顽皮、李纨的厚道、探春的活泼都要用不同的语气表现出来。

三、用重音停连技巧体现小说语言的美感

《红楼梦》的语言，大部分属于明白畅晓的白话，除了极少部分的诗词歌赋，绝大多数浅近易懂，因此在朗读时，可以采用与现代白话文接近的声音技巧，将小说的语言美感体现出来。例如"香菱又逼着黛玉换出杜律来"中的"逼着"要作为重音来强调，以说明香菱求诗心切。"香菱听了，默默的回来，索性连房也不入，只在池边树下，或坐在山石上出神，或蹲在地下抠土，往来的人都诧异。"其中描述香菱动作的词"坐"与"蹲""出神"与"抠土"前后并列，需要强调，以突出香菱痴迷的程度，读起来还上下对称，朗朗上口。

在语句停连上，要打破标点符号限制，根据表达需要确定停连位置。如香菱说读诗感受："又有对的极工的，又有不对的，又听见说'一三五

不论，二四六分明'。看古人的诗上亦有顺的，亦有二四六上错了的，所以天天疑惑。"连起来读可以表现香菱恍然领悟黛玉所说。再如表现香菱心无旁骛，一心沉浸在诗歌中的句子"便自己走至阶前竹下闲步，挖心搜胆，耳不旁听，目不别视"。这句话中的三个动词可以连读，语调逐渐上扬，以表现香菱已经到了痴迷的境界。

另外，还要注意文中古诗词的读法。香菱学诗中的几首诗词，是朗读难点之一。第一首诗用语直露，可以把朗读重点放在词句上，表现初次写诗的幼稚；第二首诗要在词句之上略加感情技巧，以显示她的进步；第三首诗（课文未选），虽然句句写月，但其实是句句写离别，因此要抛开技巧，重点用"情"，尤其是"精华欲掩料应难"，实际就是在说香菱目前的情况，要用低沉的语调读出其中的内涵，最后在嫦娥的"自问"中让香菱孤单无依的感情达到高潮。

21.《盲孩子和他的影子》朗读分析

《盲孩子和他的影子》是当代儿童文学作家金波的一篇童话，入选人教版七年级上册的中学教材。本文采用拟人化手法，意境优美，语言凝练，对话生动，适合采用朗读教学方式。既可以分角色朗读，又可以改编成课本剧分小组进行朗读表演。

一、了解课文的写作目的，把握朗读情感节奏

作者在公园里看到一个盲孩子坐在长椅上沉默不语，侧耳倾听其他孩子嬉戏打闹，深切地感受到盲孩子的孤独寂寞，因此写下了这篇童话，希望唤起人们对残疾儿童乃至社会弱势群体的关注。朗读时不仅要读出盲孩子内心的孤独寂寞，更要读出盲孩子内心对世间真情的强烈渴望。

这篇童话不以情节取胜，而是以情感人。全文的感情起伏较大，包括

低沉与轻快两种节奏。在文章的开始部分，语气要低沉、缓慢甚至有些悲伤，用低沉型的节奏作铺垫，引出下文；然而影子的出现又给盲孩子的生活带来了希望和光明，感情基调由悲到喜，节奏变成轻快型，语速应该加快，语调上扬，语气轻盈而活泼。

二、建立生动逼真的听觉感受

本文主人公是一个盲人，只能凭借听觉来感受环境。他"喜欢听鸟儿黎明时的叫声，春风从耳边吹过的声音，连蜜蜂扇动翅膀的声音他也很喜欢听"，这种描述听觉的语句在文中有多处，而且在整篇文章的叙述方式上，作者也比较侧重写内心感受，注重情调和意境的渲染。在朗读的时候，不能直白浅露，而要通过"耳朵"的听觉来"看到"各种景象，如通过听到"牛儿哞哞地叫，羊儿咩咩地叫"和"潺潺的流水声"感觉绿色的田野，而萤火虫"幽蓝""翠绿"的光、"太阳""月亮""弯弯的彩虹"等景象也是盲孩子靠感觉想象出来的。

三、读出"童话"的童真与美好

这篇童话语言含蓄，将拟人化的表现手法发挥得淋漓尽致。"盲人"象征需要帮助的弱势群体，"影子""萤火虫""月亮""太阳"象征关爱他人的人，"狂风暴雨"则象征生活中可能遇到的各种艰难险阻。朗读时要赋予这些象征物以立体、生动的形象，用语言技巧将他们的特征惟妙惟肖地演绎出来。

课文中有很多表现盲孩子心理的话语。读"他的日子很寂寞"时应该要缓慢一些，语气要低沉一些。读"今天的月亮特别亮"时语调要上扬，"亮"字要拉长，读出盲孩子内心的喜悦。读"那么说，只要有亮光就有你了，是吗？"这句问话，应该表现出孩子的好奇与兴奋，气满声高，语调上扬，速度较快。读到"他坐在风雨里想：只有等到风停了，雨停了，

太阳出来的时候，影子才会赶来吧？"语调降下来，语速变缓慢，用可怜巴巴的语气读出盲孩子内心的恐惧和无助。最后一句"我们都是光明的孩子"，要在"都是"之后，略作停顿，提示下面的重音"光明"一词，读出课文的主题。

22.《蚊子·和狮子》朗读分析

《蚊子与狮子》选自《伊索寓言》，是古希腊民间广为流传的讽喻故事。《伊索寓言》多采用拟人化的修辞手法，形式短小精悍，比喻形象恰当，语言活泼生动，多次入选我国中小学语文教材。通过朗读教学，可以锻炼学生朗读不同性格动物的语音技巧，也可以用小组分角色朗读的形式，通过学生对不同动物的理解和把握，加强寓言故事的教育性。

一、感受寓言故事的独特魅力，读出寓言故事的象征意味

本文由几个小动物之间的对话组合而成。故事虽然简单短小，但构思非常精巧。全文将蚊子作为贯穿全文的一个线索，几问几答，有起有伏，情节陡转，结局出人意料。朗读者的内心要顺应故事情节的走向，读得跌宕有致，给听众呈现一个生动活泼的故事，然后作稍长时间的停顿，给听众一个思索考虑的时间，最后再意味深长地读出文章的寓意。

二、采用略微夸张的语气、语调，读出寓言的幽默、讽刺意味

课文中三个动物，都是虚构的形象，朗读时采用夸张一些的语气语调，可以增加朗读的趣味性。另外课文中的狮子、蚊子和蜘蛛，要采用不同的音色和语气语调，尽量增加声音的区别度。文中的狮子是百兽之王，所有的动物都对它怀有恐惧，因此它的声音应该是语调低沉、气粗声重，

以表现它的自大傲慢；而蚊子则是挑战者一方，可以用纤细的音色、高扬的语调来表现蚊子的得意；朗读蜘蛛时，则可以用平稳的语调、舒缓的语气来表现蜘蛛的沉稳。其中的蚊子，在前后两个情节中的语气、语调也要有变化。前面蚊子的语气是挑逗与自信，中间是洋洋自得，最后则是懊悔不迭。

三、注意重音与停连位置，音色变化多彩

因为此篇课文是寓言故事，除了对话要生动形象以外，其他的描述部分，朗读时也要注意变换重音方式，让声音高低轻重变化错落有致。例如课文中有一句："狮子气极了，他看准目标，猛地伸出爪子向蚊子拍去。'啪'的一声，狮子这一爪没打着蚊子，却打在自己的脸上，留下几道深深的伤痕。"其中的重音"极""准""猛""啪""自己""深深的"，可分别采用加重声音分量的方法使课文更加吸引人。

另外，朗读时要根据情感确定停连位置，语句停连打破标点符号限制。例如课文中蜘蛛毫不在意地说："不管你有多么了不起，在我看来只是盘中的午餐而已！"在午餐之前有个停顿，以此来强调蚊子对于蜘蛛来说多么渺小，多么微不足道。

四、重点读好结尾段

这篇寓言在讲述完故事后，总结了其中的道理："一个人即使取得了巨大的成功，也绝不能盲目自满，因为骄傲会使人疏忽大意，往往在一件小事上招致失败。"这是寓言故事的主旨所在，朗读时，要抓住这段文字中的虚词"即使……也……，因为……，往往……"，理清其中的逻辑关系，重读其中的条件和原因，结果就会不言自明了。

23.《奇妙的克隆》朗读分析

这是一篇介绍克隆知识的科普文章，由遗传学家谈家桢根据多篇相关文章改写而成。作者深入浅出地阐释克隆知识，提出相关研究的热点、难点，对于普及科学知识，提醒人们正确对待克隆的发展，是大有裨益的。此文发表在1997年第四期《中学科技》上，并被选入人教2014年版初中语文课本。这篇课文虽然属于事理性说明文，但是可以通过生动形象的朗读教学方法，让学生掌握课文精髓。

一、要明确文体特点，控制好朗读的感情语调

说明文是以说明为主要表达方式，以传播科学知识为根本任务，介绍事物，阐明事理，说明事物运动、变化、发展规律的一种文体。《奇妙的克隆》既介绍了克隆科学知识，又展现了包括我国科学家在内的科学精神，同时又引领人们全面地看待科学技术的发展。因此朗读时虽然不像诗歌或记叙文那样"有感情"，但也要透过科学事实"说"出作者的情感态度。因此朗读基调应该朴素平实，可以用平稳叙述的语气把文章内涵读出来，重点强调说明文中所介绍事物的特点，使听众理解说明文的内容与主旨，在朗读和听读过程中增长知识、拓展思维、培养情感。文中为了使人们对克隆这一词有更形象的理解，也引用了一些形象生动的故事传说，例如《西游记》中猴毛变猴这一神话故事情节，朗读时，要区别于一般神话故事"带神秘感情色彩"的朗读方法，而应用平实叙述的语气来朗读。

二、根据全文的结构特点，建立完整的逻辑思维感受

《奇妙的克隆》一文用了四个小标题，内容层次分明，条理清晰。先写克隆的含义，接着写克隆实验，再写克隆的发展，最后写克隆对人类的

作用和对克隆的思考。朗读时要把握好内在的逻辑结构，建立完整、有层次的逻辑感受。在朗读具体段落时，也要清楚该段落在全文中的具体位置和所起的作用，通过节奏的变化、正确的停连将文章内在的逻辑结构表现出来。例如文章中类似于"那么""然而""而不是"和"而"等连词可以重读并放慢语速，通过语调的变化来表达。

三、注意文章中数字的读法

课文中有大量数据，单纯用眼睛阅读，的确枯燥乏味，通过朗读，能让人通过形象的声音形式，体会数据背后的科学事实。例如，"克隆鲫鱼出世前后"这一小节的第一段内容，"经过385天59代连续传代培养后，用直径10微米左右的玻璃管在显微镜下从培养细胞中吸出细胞核"，"在189个这种换核卵细胞中，只有两个孵化出了鱼苗，而最终只有一条幼鱼渡过难关，经过80多天培养后长成8厘米长的鲫鱼"，这两句运用列数字的说明方法，充分体现了克隆技术的初期比较艰难以及克隆技术在不断探索中慢慢发展的境况，其中的数字都需要重读，并且在"只有两个"和"只有一条"的后面语速较前稍微加速，音调稍降一些，"而最终只有一条"中"而"字重读且在"而"字后面稍微停顿一下，这样克隆鲫鱼的过程就很清晰地表达出来了。

朗读中还应注意标点符号的表达。例如："用什么办法能最有效、最方便地使这种羊扩大繁殖呢？""这些高附加值的牲畜如何有效地繁殖？答案当然还是'克隆'。"这些句子都是用设问的方式来向人们提问，然后得到回答。在读这些疑问句时，应该提高音调，用质疑的口吻来读，从而成功地制造悬念，使克隆技术深入人心。

24.《岳阳楼记》朗读分析

　　《岳阳楼记》因叙事简明、写景形象、抒情真切、议论精辟而入选多种版本的语文教材，也因其情感洒脱豪放、音韵形式多样、节奏抑扬顿挫成为朗读作品中不可多得的名篇。

　　第一，要注意通过前言，了解本文的写作背景。朗读这篇课文时，许多人会直接进入正文而忽略了前言，这段文字虽然不必朗读出来，但对深入理解作品却有很大帮助。古时人们修造亭台楼阁，往往撰文记叙建造、修葺的过程和历史沿革。宋代滕子京被贬官于洞庭湖，重修岳阳楼后，便请朋友范仲淹写记，而此时的范仲淹，也正被贬在邓州做知州，真可谓"同是天涯沦落人"。但是范仲淹与滕子京在处世观念上相差很大。滕子京始终没有走出谪官带来的打击，情绪极为低落，对自己的无端遭遇始终耿耿于怀，常常口出怨言。范仲淹正是借作记之机，含蓄委婉地规劝他要"不以物喜，不以己悲"，试图以自己"先天下之忧而忧，后天下之乐而乐"的济世情怀和乐观精神感染老友，于是创作了千古名篇《岳阳楼记》。了解作品写作背景，会对作品中蕴含的思想有更深的解读，对作品基调有更准确的把握。

　　第二，要理清文章的结构层次，建立连贯完整的逻辑感受。课文先是说明作记原因，然后是概括岳阳楼全貌，接下来两段分别描述了岳阳楼在阴雨天气与晴暖天气下不同的景观，最后总结出"不以物喜、不以己悲"的主题。朗读时要建立鲜明的形象感受与逻辑感受，用不同的声音技巧表现写景状物与抒情说理部分的差别。

　　第三，要确定好朗读节奏。这篇课文将低沉、轻快与凝重等多种节奏类型完美地统一在一起。课文开头交代本文写作的缘由，可以采用平稳的节奏，用叙述的语气讲明缘由。正文可以用高亢型节奏读出岳阳楼"大观"，结尾用一个充满疑问语气的句子"得无异乎"开启新的节奏。读"霪雨霏霏"一段，可采用低沉型节奏，语速缓慢，语气低沉，语调多抑少扬，读出诗人步履的沉重和迟疑，读出人们"忧馋畏讥，满

目萧然，感极而悲"的沉痛。"至若春和景明"一段，改用轻快型节奏，语速加快，语气舒展，语调多扬少抑，读出诗人"宠辱偕忘，把酒临风，其喜洋洋者矣"的快乐和自得。结尾一段是议论，揭示"先天下之忧而忧，后天下之乐而乐"的中心思想，这是全文的重点和高潮，改用凝重型朗读节奏与课文内容比较相配。

第四，要根据课文语言特点，读出骈散句式的美感。本文长句、短句相间，陈述句、询问句、感叹句交错，句式灵活多变，语势起伏跌宕。朗读时要注意音调和谐，抑扬顿挫，读出其中委婉含蓄、豪放自如的韵致。其中的"衔远山，吞长江，浩浩汤汤，横无际涯"一句，可以打破标点符号的限制，采用"上山"语调模式，语气相连，语速逐渐加快，语调逐渐升高，读出其中的鲜明形象与阔达意境。文中写景抒情的文字，大多采用骈文句法，如"日星隐曜，山岳潜形""沙鸥翔集，锦鳞游泳"等句子，或者"不以物喜，不以己悲"等说理的句子，朗读时都必须采用一高一低、一升一降、一平一升、一平一降或连续升降语调变化形式，将句式变化开来。

结尾一段中的"先天下之忧而忧，后天下之乐而乐"是重点句，两句都要重点强调。上句"先天下之忧而忧"可以采用上升语调，重读两个"忧"字，以强调范仲淹内心的忧虑；下句"后天下之乐而乐"可以逐渐降低语调，越读越轻，渐至无声。这样可以读出范仲淹的喜忧价值取向。结尾时的"吾谁与归"，可以连读两次，一次可以读得语调很轻但语气很沉痛，表现作者在沉思中寻寻觅觅喃喃自语，叩问心灵，另一次可以读得高亢悲壮，撼人心魄，表现作者激愤时仰天长叹，在茫茫宇宙中寻找自己的志同道合者的情态。当然，朗读者也可以根据自己对课文主题的理解与感受，对课文文本进行多种创造性的声音演绎，以达到精彩纷呈的朗读效果。

25.《小石潭记》朗读分析

　　《小石潭记》是唐朝诗人柳宗元的代表性山水游记，它生动地描写了小石潭的幽美和静穆，含蓄地抒发了作者被贬后无法排遣的忧伤凄苦之情。课文意蕴深厚，意境优美，比较适合朗读教学。

　　要朗读好这篇课文，第一，要了解《小石潭记》的写作背景。柳宗元出身于官宦家庭，少有才名，早有大志。后入朝为官，积极参与王叔文集团政治革新，革新失败后被皇帝贬为永州司马。政治上的失意，使他寄情于山水。为排解内心的愤懑之情，常常不避幽远，伐竹取道，探山访水，此篇文章就是作者贬官后的作品。朗读这篇文章不能只欣赏优美的景色，还要透过景色描写读出作者内心真实的感受——被贬后的凄凉，与小石潭美丽的景色形成强烈的对比，反衬出作者内心的郁结。因此在朗读时，不仅要读出小石潭景色的美好，也要读出"凄神寒骨，悄怆幽邃"的深意。

　　第二，根据结构确定朗读节奏。这篇游记大体是以"总—分—分—总—分"的结构展开描写，形成上下照应和首尾呼应的段落结构。作者从"小丘西行百二十步，隔篁竹，闻水声，如鸣佩环，心乐之"写到"伐竹取道，下见小潭"，才将小石潭的全部面目呈现在我们眼前。这一番由小丘到篁竹，由篁竹到闻水声，再由水声寻到小潭，讲述了发现小潭的经过，充满了悬念和探奇的情趣。发现石潭之前需要采用平静舒缓的节奏，略带紧张感的语气。当作者把笔力放在对小潭的精心描写上时，朗读的节奏要逐渐加强，语速、音量和气势逐渐提升，带领听者体会石潭的妙不可言。到"坐潭上，四面竹树环合，寂寥无人，凄神寒骨，悄怆幽邃"这段，作者突出地写了一个"静"字，并把环境中的"静"深入到心神中去，语气应该回归沉郁舒缓。最后一段转入到语调平稳、语气平和的叙述，这样一来，全篇的动静、松紧、快慢就会通过语气节奏准确地表达出来，逻辑层次与思想感情也得以清晰呈现。

　　第三，读出课文的语言修辞美感。《小石潭记》是一篇语言精美、形

象逼真的山水游记，这就要求我们在朗读时，语调高低起伏富于变化，停连重音体现修辞美感。例如在文章第一段，作者从小丘步行不远就看到了竹林，并且好像听到了环佩相撞时清脆悦耳的声音，朗读时语气由平缓逐渐加快，声音由低缓到逐渐饱满，并且要随之表现出惊奇和喜爱之情。听到了水声，于是"伐竹取道"，见到了"水尤清冽"的小潭，目睹小潭的真面目。朗读这一过程时，语速应逐渐加快，语调应逐渐抬高，表现发现小石潭的惊喜。在读到小石潭周围"青树翠蔓，蒙络摇缀，参差披拂"时，语速逐渐放慢，音色变虚，"披拂"二字可以顿开来读，给人陶醉其中的感觉。

朗读"潭中游鱼"时，语气应保持新奇愉快。读到"怡然不动"应语气舒缓，接下来做一迅速的转折，读到"俶尔远逝，往来翕忽"时，语气由舒缓转为轻快，好似游鱼正在眼前一般。

26.《陋室铭》朗读分析

《陋室铭》为唐代诗人刘禹锡所作，全文只有81字，虽篇幅短小，但文质兼美，韵律感极强，读来朗朗上口，一曲既终，犹余音绕梁，令人回味无穷。

一、体会作品的思想感情，理解文章的意境

作者刘禹锡生活在唐代中后期，这个时期由于安史之乱，唐朝形成了宦官专权、藩镇割据、朋党相争的社会局面。他对于这样的社会现实颇为不满，曾参与了王叔文领导的改革运动，但遭遇失败，以致仕途坎坷，多次遭贬。相传，作者被贬至安徽和州当刺史时，和州知县见他被贬而来，便横加刁难。先是安排他住城南门，面江而居，后来让他搬到城北，将三间房缩减到一间半。再后来又将他调到城中居住，只给他一

间仅能容下一床一桌一椅的斗室。作者为表达对县吏做法的不满，写下了《陋室铭》一文，表明作者洁身自好、安贫乐道、不慕名利、不与世俗同流合污的生活态度。因此，在朗读时，一是要用热情赞美的语气读出陋室的"不陋"，充分表现作者不慕名利，保持高尚节操的愿望；二是用怡然自得的语气读出作者安贫乐道的生活情趣，表现出作者追求高雅，精神富有的内心状态。即使是"苔痕上阶绿，草色入帘青"，也要用悠然的语调读出其中的美感，读出郁郁葱葱的小屋充满勃勃生机的状态。

二、根据文体特点，读出文章的韵律美

《陋室铭》以骈句为主，句式整齐、节奏分明、音韵和谐，给人一种视觉上的整齐之美，但文章中又有散句，骈散结合，使文章节奏明快、语言错落有致，读起来抑扬顿挫，和谐悦耳，在听觉上给人音乐的美感。文章一韵到底，其中的"名、灵、青、丁、经、形、亭"在朗读时要注意将韵母"ing"中的韵腹"i"读得饱满一些，读韵尾"ng"时，要将舌位归到上腭前部，这样可以使得声音圆润，韵味悠长。

三、把握断句位置与节拍划分，处理好对比句的轻重音

文章虽短，但停连方法多样，下面是对此文停连位置的建议：

山/不在高，有仙/则名。水/不在深，有龙/则灵。斯是陋室，惟吾德馨。苔痕/上阶绿，草色/入帘青。谈笑/有鸿儒，往来/无白丁。可以/调素琴，阅/金经。无/丝竹之乱耳，无/案牍之劳形。南阳/诸葛庐，西蜀/子云亭。孔子云："何陋/之有？"

文中的"可以"一词，统领"调素琴，阅金经"两句。因此，要在"可以"后面作稍长停顿，然后将"调素琴，阅金经"连在一起朗读，这

样意义就完整了，句子也没有断裂感。

文中有许多对比句，开头一句"山不在高，有仙则名。水不在深，有龙则灵"朗读时，要通过音量高低、音色虚实、速度快慢将重音"仙"与"龙"突出出来。"谈笑有鸿儒，往来无白丁"一句，重点突出、对比"有"与"无"两字。"南阳诸葛庐，西蜀子云亭"重点强调"南阳"与"西蜀"两个地点。

最后一句"何陋之有？"可以用反问的语气、上扬的语调朗读一遍，然后再用下降的语调、肯定的语气朗读一遍，确切表明"陋室不陋"的态度。

27.《爱莲说》朗读分析

《爱莲说》是北宋学者周敦颐的作品。此文一文双解，内容厚实而意境深远；语言近似白话，易读易解；词句精短，朗朗上口，是文言文中优秀的朗读精品。

要读好此文，第一，要了解课文的写作背景和蕴涵的深意。北宋仁宗嘉祐八年，周敦颐与沈希颜、钱拓共同出游雩都，有诗刻石。后来沈希颜在善山建濂溪阁，请周敦颐题词，周敦颐便作《爱莲说》相赠。莲花曾是古往今来文人咏叹的对象，但大多数文人都惊叹于它的清姿素容，这篇课文却独辟蹊径，通过对莲的形象和品质的描写，歌颂了莲花坚贞的品格，从而表现作者洁身自爱的高洁人格，不与世俗同流合污的态度，对追名逐利的世态的鄙视与厌恶，课文内涵与意境比普通写景咏物散文深了许多。

第二，注意文体特点。"说"是古代的一种文体，也称杂说。这种文体一般可以说明事理，也可以发表议论或记叙事物，都是为了阐明一个道理，给人某种启示或给自己明志。《爱莲说》的题目意思就是说说喜爱莲花的道理。这篇文章毕竟是在说现象讲道理，因此不可按单纯的写景散文来读，朗读的重点是其中的道理和蕴含的深意。

第三，要读出韵味。这篇文章优美简练，虽然短小，但字字珠玑，的确是如莲之美——"不蔓不枝"，没有多余的无用之语。因为是古文，特别强调韵味。因此要注意声调调值与吐字归音技巧，润色文中的每一个字，尤其是文中的重点句"出淤泥而不染，濯清涟而不妖"一句。可以采用波峰型语调趋势来朗读，在"而"字之前提升音量音高，在"而"字降低音量音高，形成波浪效果，使句子起伏有致，又突出了莲花的品质特点。尤其要注意语调的尾音字"泥、染、涟、妖"的读法，声调调值尽量读满，归音稍长，形成字正腔圆、引人回味的声音效果。

第四，注意朗读层次。这篇文章可分为两个部分：前一部分对莲花高洁的形象极尽铺排描绘之能事；第二部分则揭示了莲花的比喻义，分评三花，并以莲自况，抒发了作者内心深沉的慨叹。朗读第一部分"出淤泥而不染"片段时，可以运用慢速、重读的方法加以强调，而读"中通外直，不蔓不枝，香远益清，亭亭净植，可远观而不可亵玩焉"时可突破标点限制，两句一连，浓墨重彩、铺排渲染，把莲花的美态淋漓尽致地表达出来。第二部分运用对比、反衬的手法，以菊、牡丹反衬莲之美，还把菊花的隐逸，与牡丹的富贵和莲花的高洁相对比。因此在朗读这三个并列句子时，一定要强调好"菊、莲、牡丹"三词，然后通过语调的平升降变化将作者的褒扬表现出来，使"爱莲"这一主题得以加深。

参考文献

［1］万里. 汉语口语表达学［M］. 北京：北京师范大学出版社，1987.

［2］张颂. 朗读学［M］. 长沙：湖南教育出版社，1990.

［3］黄伯荣，廖旭东. 现代汉语［M］. 北京：高等教育出版社，1997.

［4］顾明远. 中国教育大系. 历代教育论著选评［C］. 武汉：湖北教育出版社，1994.

［5］朱光潜. 朱光潜美学文集：第二卷［M］. 上海：上海文艺出版社，1982.

［6］张志公. 漫谈语文教学［M］. 福州：福建人民教育出版社，1963.

［7］叶圣陶. 精读指导举隅前言［M］. 上海：上海商务印书馆，1942.

［8］魏书生. 教育改革与素质教育［M］. 沈阳：沈阳出版社，2000.

［9］倪文锦. 初中语文新课程教学法［M］. 北京：高等教育出版社，2003.

［10］教育部. 义务教育语文课程标准（2011年版）［S］. 北京：北京师范大学出版社，2012.

［11］余映潮. 阅读教学艺术50讲［M］. 西安：陕西师范大学出版社，2005.

［12］路玉才，张海燕. 教师口语训练教程［M］. 天津：南开大学出版社，2012.

［13］王荣生. 语文科课程论基础［M］. 上海：上海教育出版社，2003.

［14］曹明海，李洪先. 语文课程与教学论［M］. 济南：山东人民出版

社，2005.

［15］杜继永. 新课程标准下如何进行朗读教学［J］. 科技信息，2009（11）.

［16］孙金凤. 重视朗读，带学生走进文学殿堂——论初中语文教学中朗读的重要性［J］. 现代阅读（教育版），2012（05）.

［17］李毅华. 初中说明文活动教学的实践研究［D］. 华东师范大学，2010.

［18］张海燕. 经典诗文台词朗诵技巧［M］. 北京：语文出版社，2012.

［19］王茜. 初中说明文教学方法初探［D］. 天津师范大学，2013.

后　记

这本书的写作初衷源于2012年河北省中学语文骨干教师培训班。当时我给这个班的老师们开设了"中学语文教师朗读技能"培训课程，我惊讶地发现，老师们的语言文学知识和教学经验都很丰富，但是课堂语言驾驭能力，尤其是课文示范朗读能力相对薄弱。虽然老师们的学习热情非常高，但当时没有一本专门针对中学语文课文朗读的指导用书。讲课时我参照了多本有关朗诵的书籍，但其中的案例和中学语文教学实践还是有一定距离，于是就萌生了一个想法：搞一个中学语文课文朗读教研的课题，专门为中学语文教师写一本朗读参考书。

写作此书是一段与学生共同成长的经历，这也是一段非常"享受"的经历。

首先，在指导学生毕业论文的时候，我带着文学院的刘伟、王静、贾阳阳、吕解丽等八名同学，分别在城镇和乡村中学进行了深入的调研，详细了解了中学语文朗读教学的现状和存在的问题，并且进行了一系列朗读教学实验。在此基础上我指导学生写出了《新课改背景下记叙文朗读教学研究》《初中语文说明文朗读教学方法》《初中语文议论文朗读教学的现状与策略探析》等优秀毕业论文。这些都成为写作此书的重要前提和基础。

其次，指导学生进行中学课文朗读训练也是一个美好的享受。沧州师范学院文学院进行特色教学，选拔具备一定口语表达基础的学生，进行专门的口才训练和特色培养，目的之一就是使这些师范生将来能够成为

"会朗读的中学教师"，为此专门成立了"口才特训班"。我带着这个班的学生仔细研读了人教版、苏教版、鲁教版、北师大版以及语文版等新版中学语文教材。大家感叹新版教材中的课文如此精彩纷呈，其中既有朱自清的《春》、老舍的《济南的冬天》、鲁迅的《社戏》等经典篇目，又有沈从文的《云南的歌会》、黄蓓佳的《心声》、谈家桢的《奇妙的克隆》这些新入选的篇章。学生们不仅饶有兴致地读遍了三个年级六册语文教材，还能写出比较专业的朗读分析。其中刘梦儿同学就是凭初中课文《安塞腰鼓》和高中课文《琵琶行》，在2014年河北高校经典诵读大赛中获奖，而且写出颇具专业水平的朗读分析文章。本书中《安塞腰鼓》的朗读分析就是在刘梦儿的文章的基础上修改完成的。

本书的"检验"过程也给了我意料不到的惊喜。书中除了朗读技巧，有两章专门写了朗读教学方法。为了验证方法的可行性，我们在几所中学和师范专业的教师口语课上进行了实证检验。学生们按书中介绍的各种方法，五人一组进行演练。他们不仅"按角色特点"朗读了《香菱学诗》《看云识天气》，用"评书讲述法"朗读了《蒲柳人家》《范进中举》，用"转换文体与角度法"朗读了《中国人失掉自信力了吗》《苏州园林》等课文，同时还有大量创造性的发挥，课堂气氛高潮迭起，令人"耳"不暇接，惊喜不断！

如今，这本书经过调研、写作、检验，已经成稿。特别感谢教育部语用司姚喜双司长在百忙当中，抽出时间为此书写序。姚老师是我在中国传媒大学读研究生期间的论文指导老师，他不仅指导了我的硕士毕业论文，而且一直关心我在师范学院的教学工作。听到我们在地方师范院校和各级中学进行朗读教学方法研究，姚老师非常高兴，欣然作序。此书也算是我在研究生毕业十年后，给老师们上交的一份新"作业"！

感谢语文出版社以及本书的责任编辑。2012年我的《经典诗文台词朗诵技巧》一书在语文社出版，朴素大气的装帧与优美精良的制作，受到老师和同学们的一致褒奖。该书不仅能够再版，而且又出版了盲文大字版，这都与出版社编辑严谨负责的态度息息相关。本部书稿也是在出版社的

倡议和鼓励下完成的，希望能够对老师们的语文教学实践有所帮助，对培养、提升中学生的朗读兴趣和语文能力有所裨益！

最后还要感谢沧州市第十四中学和第八中学语文教研组的老师们，他们不仅指导学生在全国汉字听写大会和河北省"汉字大比拼"比赛中取得优异成绩，而且多年来坚持开展朗读教学课题研究，为此书的调研与写作提供了大量的资料和中肯的建议。其中我教过的学生席慧敏已经成为中学骨干教师，她在第三届"中语杯"全国青年教师课堂教学展示大赛中，采用朗读教学方式讲授了《湖心亭看雪》一文，荣获了比赛的第一名，她为本书的写作提供了一手经验和大量视频资料。有多年教学经验的孙景杰老师就中学语文文体的分类和朗读分析篇目的选择等问题，提出了非常有价值的参考意见。还有许多老师为朗读教学方法的检验提供了场地、学生和自己的教学材料，在此一并致谢！

诵读经典、传承精华，在大力推广祖国语言文字、弘扬中华民族传统文化的背景下，让我们一起努力，把语文课堂变得书声琅琅，充满魅力！

张海燕

2015年1月